数字化转型与创新管理丛书

产业互联网

全产业链的数字化转型升级

（第二版）

王玉荣　葛新红　著

清华大学出版社

北京

图书在版编目（CIP）数据

产业互联网 ：全产业链的数字化转型升级 / 王玉荣，葛新红著. — 2 版 . — 北京 ： 清华大学出版社，2023.3

（数字化转型与创新管理丛书）

ISBN 978-7-302-63128-6

Ⅰ . ①产… Ⅱ . ①王… ②葛… Ⅲ . ①产业发展－互联网络 Ⅳ . ① F260

中国国家版本馆 CIP 数据核字（2023）第 047784 号

责任编辑：张立红
封面设计：蔡小波
版式设计：梁　洁
责任校对：赵伟玉　葛珍彤
责任印制：杨　艳

出版发行：清华大学出版社
　　　　网　　　址：http://www.tup.com.cn，http://www.wqbook.com
　　　　地　　　址：北京清华大学学研大厦 A 座　　邮　　编：100084
　　　　社 总 机：010-83470000　　　　邮　　购：010-62786544
　　　　投稿与读者服务：010-62776969，c-service@tup.tsinghua.edu.cn
　　　　质 量 反 馈：010-62772015，zhiliang@tup.tsinghua.edu.cn
印 装 者：小森印刷霸州有限公司
经　　销：全国新华书店
开　　本：170mm×240mm　　　印　张：17　　　字　数：229 千字
版　　次：2021 年 1 月第 1 版　　2023 年 4 月第 2 版　　印　次：2023 年 4 月第 1 次印刷
定　　价：88.00 元

产品编号：100360-01

◇ 书籍特色及导言

洞悉产业互联网理论本质

剖析产业互联网实践案例

明晰产业互联网实现路径

坚持以推动高质量发展为主题，把实施扩大内需战略同深化供给侧结构性改革有机结合起来，增强国内大循环内生动力和可靠性，提升国际循环质量和水平，加快建设现代化经济体系，着力提高全要素生产率，着力提升产业链供应链韧性和安全水平，着力推进城乡融合和区域协调发展，推动经济实现质的有效提升和量的合理增长。

——中国共产党二十大报告

产业互联网是全产业链的数字化转型升级，通过产业链全链路的数字化改造，推动产业价值链的优化重构和要素资源的整合共享，实现产业链的提质、降本、增效和风险防控，推动产业高质量发展；通过构建融合发展和协同共赢的产业治理机制，打造产业新生态。

——作者按

推荐序一
产业互联网让世界变得更简单

产业、企业发展的关键是处理好供给与需求、企业与企业、人与人、人与物、物与物等关系。这些关系随着信息化、数字化、网络化、智能化的进程而变得易于解决。数字技术、产业互联网、智能产业等的出现就是解决这些关系的重要途径之一，它们让世界变得更加简单。

一、大变革时代催生产业互联网

全球新一轮的产业革命已经发生，新技术供给相当活跃，为世界各国发展提供了历史性机遇。以移动互联网、物联网、产业互联网、大数据、云计算、5G、人工智能、区块链等为代表的信息网络技术在研发、设计、生产、流通、消费、运营、维护等环节，以及工业、农业、交通、物流、能源、金融、教育、健康、文化、旅游、应急、政府管理等多个领域的深度应用与广泛渗透给创新与升级带来深刻

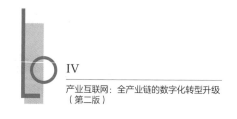
影响。全球产业格局与分工的逻辑发生深刻变革，以更有效的方式促进人类发展。

中国是产业大国，经过改革开放 40 多年的发展，已经实现了对发达国家在产品规模与数量上的"一次追赶"，但在质量、技术、效率、竞争力、品牌、基础知识和能力等方面仍需"二次追赶"。产业发展还存在结构不合理、质量效益欠佳、产品附加值低、创新能力不足、资源配置效率不高、环境约束紧、供应链不协调、要素成本持续上升、产业安全形势严峻、某些地区出现产业空心化等突出问题。同时，一个日益复杂、迅速变化、不确定性大增的世界已经来临，市场需求千变万化，消费热点不断转移，需求个性化、多元化、高品质化以及空间分布的广泛性已使得传统企业面临更大压力和更多挑战。传统的技术、商业模式、产品与组织形态越来越难以适应快速变化的市场。

中国若想在未来全球竞争中胜出，各次产业与各类企业需要更广泛地连接市场，感知变化，更快速地反应需求，提供更适宜、更优质、更安全、更绿色的产品与服务，在技术、产品、服务、模式、组织等方面持续创新，不断推进产品升级、服务升级、技术升级、流程升级、管理升级、运营升级与模式升级。而基于网络化、数字化、智能化的产业互联网为中国产业应对挑战、解决问题、把握新科技趋势、推进升级找到了一条切实有效的途径。

二、发展产业互联网意义重大

产业互联网是一种运用移动互联网、物联网、大数据、云计算、人工智能、5G 等信息网络技术，促进企业内和企业间的人、物（如机器、设备、产品）、服务以及企业与用户间互联互通、线上线下融合、资源与要素协同的一种全新的产业发展范式，它既是新的生产方式、组织方式、运营方式，也是一种新的基础设施，是新一代信息技术与农业、工业、服务业深度融合的产物。构建强大、智能、安全的产业互联网具有以下重要意义。

一是有利于推动中国的产业升级。产业互联网使企业能够统揽全局，畅通供应链，打通上下游，做大生态圈，降低生产流通成本，提高运作效率，实现个性化智能定制。产业互联网通过数字化、网络化、智能化手段对价值链的不同环节、生产体系与组织方式、产业链条、企业与产业间合作等进行全方位赋能，推动产业效率变革。产业互联网能够实质性地推动各次产业互联互通，农业、工业与流通、交通、物流、金融、科技服务等互动，推动硬件、物理基础设施与软件、数字化基础设施等一体化发展，推动产业链、供应链、创新链协同，提升产业生态体系复杂性、韧性、灵活性与市场反应能力。

二是有利于提升产品与服务质量。围绕产品与服务质量不高的突出问题，产业互联网企业通过技术赋能与构建产业检验检测体系，根据先行指标判断产品与设备的运行状态，预防故障的发生；能够实现产品自动检测、全程追溯与可视，实现智能质检；能够健全企业质量管理体系，提高全面质量管理水平。

三是有利于产业创新。产业互联网能够推动企业、产业结合自身情况，围绕国家战略、市场需求、未来方向等，更高效地开展开放创新、集成创新、原始创新和颠覆式创新，推动企业创新体系、产业创新体系和国家创新系统的构建，推动政、产、学、研、用、

金有机结合的创新生态体系建设。

四是有利于组织变革。产业互联网能够改变"大而全""小而全"的传统生产方式，按照专业化分工要求，推动企业业务重组、业务外包、联盟、供应链合作等，实现大范围的智能生产、柔性生产、精益生产、大规模个性化定制等。

五是有利于形成新的经济增长点。中国是世界第一人口大国、网民大国，是全球最大的传统产业市场与最大的新兴经济体。尽管中国的消费互联网发展迅速，但中国产业互联网发展尚处于起步阶段。农业、工业和许多服务部门的数字化程度并不高，数字化工厂的比例仅为欧美的一半左右，装备设备的智能化远低于欧美。这些状况表明，无论是消费互联网还是产业互联网在中国均有极为广阔的发展前景。作为一项庞大的系统工程，产业互联网的推进将催生万亿美元的市场，为中国经济增长注入全新的动力。

三、从战略高度加快推动产业互联网发展

中国产业互联网发展应当放在世界新产业革命大潮中来谋划，从引领产业未来发展的战略高度来重点推进。在继续保持消费互联网领先的同时，中国要发力加快推进农业、工业、服务业领域的产业互联网发展；推进农业、工业、商贸流通、科教文卫等领域与互联网、人工智能深度融合；支持互联网企业、通信技术企业赋能传统产业；推进产业互联网平台建设，打造数字化基础设施与"产业大脑"；推进传统产业群体广泛应用数字化技术、新工艺、新装备和新商业模式，提高生产流通与服务效率，降低生产流通及服务成本，

增强市场反应能力。针对大量企业数字化程度较低的状况，推动其完成数字化"补课"；推动"互联网＋智能＋农业""互联网＋智能＋工业""互联网＋智能＋流通""互联网＋智能＋物流""互联网＋智能＋交通""互联网＋智能＋健康""互联网＋智能＋教育""互联网＋智能＋能源""互联网＋智能＋文旅""互联网＋智能＋应急""互联网＋智能＋中小企业"等发展；推动"互联网＋物联网＋5G＋人工智能"等技术的深度集成，助力中国率先迈入万物智联新时代。

推动产业互联网发展，有一些关键问题亟待破解：一是产业互联网的理论、方法和标准及基础科学的支撑；二是信息孤岛问题；三是人力资源建设问题；四是新的商业模式探索；五是完善政府监管。跨界融合会产生许多新业态，需要创新规则，加强政策保障，修改滞后的法律法规等。

四、选择一条切实可行的产业互联网发展之路

中国的产业、企业类型十分丰富，存在多种生产力水平。每个行业和每个企业的发展情况会有所不同，可用的资源与要素存在很大差异。企业进行数字化、智能化改造还会增加不少成本。因此，必须因地制宜，切不可盲目地照搬照抄，而是要进行系统的、深入的成本与效益分析。企业要反复问自己三个基本问题：发展产业互联网对于企业来讲要重点解决什么问题？产业互联网会对企业和产业改变什么？如果发展产业互联网，路径是什么？回答好这几个问题，企业就会明确方向、重点与突破口，走出一条符合自身实际、

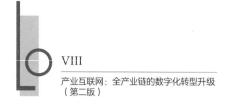
顺应时代潮流的高质量发展之路。

　　由浙江清华长三角研究院产业互联网研究中心王玉荣主任、AMT 研究院葛新红院长所著的《产业互联网：全产业链的数字化转型升级》（第二版）一书试图对中国的产业互联网发展路径做出设计与回答。该书对产业互联网的理论与实践进行了系统的、深入的归纳与分析，形成了富有洞见的精辟见解，是当前国内产业互联网研究领域颇具分量的重要研究成果，可供广大业界人士借鉴参考，相信一定大有裨益！

——**魏际刚**

中国国际发展知识中心副主任、国务院发展研究中心研究员

推荐序二
以产业互联网共建
高质量产业生态圈

从最早的产业资讯和第二方平台算起，产业和互联网的结合在中国已经有 20 多年的发展历史，可以说中国产业互联网的发展史也是制造业信息化水平不断提升、制造向服务转型诉求不断增强，以及商品流通市场不断变革的演进史。经过这些年的迭代创新和竞合发展，产业互联网已经走上了良性成长的快车道，智能化水平和生态属性进一步增强，与产业端的融合更加紧密，受到了各方的高度关注。2020 年 4 月，国家发改委在《关于推进"上云用数赋智"行动 培育新经济发展实施方案》中首次正式提出了"产业互联网"概念，将产业互联网上升到了国家战略层面。随着后疫情时代到来，产业互联网作为新型基础设施，必将迎来更好的发展机遇。

产业互联网依托现代信息技术应用，可以促进要素高效流动和优化配置，解构和重构传统供应链，有效解决信息不对称、市场不确定等问题，实现供应链高效协同，助力传统产业转型升级和供给侧结构性改革，助推中国经济高质量发展，是代表未来时代发展趋

势的新业态、新模式。

平台化、智慧化、生态化是产业互联网未来发展趋势。"平台化"就是通过泛在连接和资源共享，实现传统产业业务上平台；"智慧化"就是通过新技术集成创新应用，打造数智化供应链；"生态化"就是通过互联互通和工具赋能，实现生态圈网络协同。欧冶云商成立以来，一直朝着平台化、智慧化、生态化方向不断前行，努力打造第三方产业互联网科技平台，通过持续开展商业模式和技术应用创新、制度和管理创新、生态治理创新，欧冶云商已经成长为产业互联网领域的头部企业，在钢厂端资源对接、中小用户集聚、智慧供应链服务创新、线下物流基础设施构建、多维度信用体系打造等方面形成了核心能力，助力高质量产业生态圈建设。

目前市场上关于产业互联网方面的书籍寥寥无几，王玉荣女士和葛新红女士编写的这本书既有理论高度，又有实践指导意义，让人眼前一亮，结合欧冶云商自身在钢铁产业互联网领域的探索和实践，我强烈地感同身受。我经常和员工讲，要深刻理解产业互联网的底层逻辑，这是做好业务的前提，我们要以用户需求为导向，用降本增效数据说话，凭高质量服务立足。这本书结合竞合理论、竞争边界理论、价值网理论、平台生态圈理论、和谐管理理论，对产业互联网底层逻辑进行了深入阐述，尤其是用产业互联网的价值公式、建设成本公式、估值公式三大公式简洁地表达和衡量了产业互联网价值和发展规律，我认为非常有创造性。欧冶云商于 2017 年和 2019 年成功实施了两轮股权开放，并推进与品牌钢厂、物流商、金融机构等战略投资者的业务协同，实现了市场价值的快速增长。投资者和市场对欧冶价值的认可得益于我们对接了大量可在线的钢铁生态圈产业资源、可闭环的"四流合一"供应链服务。平台商业模式逐步得到市场认可，实现了可持续的产业运营，这与书中的估值公式是一致的。正如中国宝武党委书记、董事长，欧冶云商创始人陈德荣所说："欧冶没有竞争对手，只有合作伙伴。"欧冶云商将携手广大生态圈伙伴，实现合作共赢、协同共治。

万物得其本者生，百事得其道者成。产业互联网的"道"就是要开放、协同、共享、智慧，共建高质量生态圈。产业互联网拥有广阔的市场空间和价值创造潜力，产业端场景也更加专业和复杂，我们相信只要坚持创新有道、协同发展，就一定能开创产业互联网更加美好的未来！

——赵昌旭

欧冶云商党委书记、董事长

推荐语

产业互联网如今被寄予厚望，因其体现了互联网、数字化迈入更深层次的发展阶段，也因其有助于应对时代巨变和新技术浪潮下的许多新挑战。

产业互联网是一种新型基础设施，我更倾向于把它看作价值创造的一种新型组织形态，从产业生态的视角更系统地认识问题，重塑而不是颠覆或完全替代现有各产业链上的价值创造过程，它混合了层级组织、网络组织、市场组织等多种不同的组织方式和机制，并采用大量数字化、智能化的技术确保相互兼容、协同增效。

产业互联网若不负所望，还需要跨过两道坎：一是需要切实应对当下面临的挑战，提升单个产业链及整个产业生态的价值创造效益；二是需要探索出能够促进产业生态活力的包容性、混合型新组织形态。跨过这两道坎可能需要反复试验、多次迭代，无法事先理性设计出完备的方案；然而，如果纯粹随机、盲目地行动，也只会事倍功半。

正如这本书论述的那样，我和团队多年来创立与发展的和谐管理理

论给产业互联网的复杂演进带来一些启发。此外，这本书提供了业已探索出的一些案例成果，您也许可以从中发现更多通往未来的线索。

——席酉民

西交利物浦大学执行校长、英国利物浦大学副校长、西交利物浦大学和谐管理研究中心主任

有幸提前拜读了王玉荣女士与葛新红女士合著的这本书。这本书最大的特点在于运用"互联网"的思维，将政策、理论、产业有机联系，将农业、工业、服务业横向对接，串联成一个政产学研服多方合纵连横的有机整体，从而实现了对产业互联网这样一个全新复杂概念的清晰解读。全书语言平实朴素，道理深入浅出，案例生动具体，源于实践而高于实践，开启了我对"互联网＋"推进产业发展的系统的、全面的、更高层次的认知。这本书思路清楚，可读性强，借鉴度高，读完受益匪浅，体现出两位作者扎实深厚的理论功底和实践积累。推荐一读。

——曹宇

农业农村部乡村产业发展司特色产业处处长

站在新时代的起点上，第四次工业革命正以远远超越以往认知的方式改变着这个世界，互联网也已成为整个经济社会的基础设施。中国作为互联网应用大国，已经走在世界前列，但基础研究不足与产业互联网发展不充分仍然制约着中国互联网乃至经济社会的发展。

近年来，清华长三角研究院产业互联网研究中心王玉荣女士，带领她的团队进行了丰富的产业互联网实践，为政府机构、大型企业，特别是广大特色农业发展区域，提供产业互联网技术与服务的支持，在促进

工作效率、解决信息不对称、消除数字鸿沟等方面做出了卓有成效的贡献。

她们奉献给读者的这本书，基于丰富的实践经验与深入的理论思考，对广大产业互联网的实践者与理论研究者有着很好的指导意义。

——李继春

浙江清华长三角研究院智库中心主任

产业互联网这一概念从提出到快速成为社会发展的主流话题也就短短的几年时间。当前，产业互联网的话题已广泛出现在各路媒体上，成为各路英豪公认的后疫情时代经济成长的重要驱动力之一。虽说产业互联网并不是高深理论，也不是晦涩难懂的概念，但它也不是单纯的某项技术。产业互联网是包含众多支撑技术及应用场景的综合体，其在实际应用中极具复杂性，因此，真正理解产业互联网并能将其用于自己工作中，也绝非易事。从这个意义上讲，由王玉荣、葛新红撰写的《产业互联网：全产业链的数字化转型升级》（第二版）一书，对于帮助人们了解产业互联网及其在不同场景下的应用，找到进入产业互联网入门之处，具有重要的意义。

首先，全书用通俗易懂的语言详细介绍了产业互联网的产生与发展背景，帮助人们更加全面认识产业互联网的内涵，可以使初次接触产业互联网的人很快抓住产业互联网的本质特征。其次，全书从产业互联网实施的角度详解如何从顶层规划入手，打造产业互联网集成服务平台，总结出了产业互联网转型升级及实施路径等关键要素，并且辅以丰富的案例，为读者展现出一幅产业互联网针对不同场景应用的蓝图。最后，该书还为读者提供了产业互联网在不同业态下的 IT 解决方案。这样成体系、层次性、模块式地对产业互联网的介绍，有利于处于产业互联网不同认知层面的读

者快速找到所需的内容，是一部难得的关于产业互联网的专著。

21 世纪的全球化市场竞争充满了诸多不确定性。来自政治的、经济的和自然环境的各种不确定性因素无时无刻不在困扰着产业链和供应链的运营。企业要想在这样的环境下生存和发展，就必须时刻把握各种因素的动态变化，能够在各种要素变化的蛛丝马迹中先行而动。在力保产业链、供应链稳健运营的各种措施中，产业互联网扮演着重要的角色。书中的许多观点都可以帮助企业供应链管理者更好地将产业互联网融入实际工作，创造性地依托产业互联网的支撑，搭建全数字化的供应链体系，提高供应链对运营环境变化的感知敏感度，使企业能够早期预警并及时调度和调整供应链，始终占有供应链运营中的主动性，立于不败之地！

——马士华

华中科技大学管理学院教授、原中国物流学会副会长

在过去的 20 年里，互联网、物联网技术得到突飞猛进的发展，一大批世界级企业如阿里巴巴、京东、腾讯涌现出来，在消费领域的互联网应用极大地改变了人们的生活方式，而互联网与各产业逐渐深度融合。2020 年突如其来的新冠肺炎疫情进一步加速了各行各业的线上化工程步伐，我们不难预见，产业互联网必将成为全球未来相当一段时期的重点发展领域。

王玉荣女士领导的浙江清华长三角研究院产业互联网研究中心和葛新红女士领导的 AMT 研究院是国内推广产业互联网的重要研究力量，在连续三年推出《产业互联网白皮书》的基础上，她们又推出新作《产业互联网：全产业链的数字化转型升级》（第二版）。这部著作从产业互联网的缘起、概念诠释、总体规划、发展路径、IT 解决方案几个方面，

全面系统地阐述了产业互联网的基本思想、理论、技术和方法，同时详细介绍了产业互联网在若干典型领域的应用实践和经验总结。应该说，这部著作充分体现了"学以致用"的特点，既有丰富的理论内涵，又有具体的实践指引，是我国目前产业互联网发展领域比较难得的、具有理论和应用价值的著作。

王玉荣和葛新红两位女士都毕业于西安交通大学管理学院。我作为西安交通大学管理学院的现任院长，为两位杰出校友在产业互联网领域做出的卓越理论贡献而骄傲，为两位杰出校友为推动国家经济发展做出的重大贡献而喝彩！

——冯耕中

西安交通大学管理学院院长、西安企业家学院院长

玉荣与新红的新书为世界描绘了产业互联网的发展架构与做法，强调数字化的协作，帮助企业迈向未来。

——陈威如

中欧国际工商学院战略学副教授、前阿里巴巴菜鸟网络首席战略官

从消费互联网向产业互联网的重心转移已是大势所趋，未来产业互联网的市场体量一定会达到消费互联网的十倍乃至百倍之大。站在这个大变革、大机遇、大挑战的时代潮头，我们有无数的理论问题需要思考：如何从人类经济增长的大视野中寻找产业互联网对于经济高质量发展和国家数字竞争力提升的战略意义？如何通过产业互联网的顶层设计来充分释放数字技术的创新活力，不让"李约瑟之谜"重现？数据等五大生产要素的相对价格变动将如何推动各个产业领域次第开展数字化转型？

大道至简，各行各业数字化转型必须遵循的经济学底层逻辑和商业模式有哪些？如果说这些问题需要至少一代人的探索，那么，本书无疑将留下早期的珍贵足迹。

——吴绪亮

腾讯研究院资深专家、首席经济学顾问

产业互联网利用信息技术与互联网平台，充分发挥互联网在生产要素配置中的优化作用，实现互联网与传统产业深度融合，并通过跨行业的效率提升和协同融合，促进中国经济跨越式发展。王玉荣和葛新红两位作者的这本书不仅有对产业互联网概念和基本框架的梳理，还有大量的实践案例，理论和实践兼顾，是传统行业数字化转型和推进产业互联网的指导手册。

——钟鸿钧

上海财经大学数字经济研究中心主任

如今，如果企业仅仅定位产业链的某一个环节，将面临着"老玩家"不愿意退出而"新玩家"又持续不断进入的困境。在这样的竞争环境下，将很难再做到持续盈利。

企业要发展，必须做到穷则变，变则通。企业要想有大的突破，不仅要看到消费互联网对消费端的重塑已经取得了极大成功，也要意识到目前产业的生产端和流通端与互联网的融合也在不断展开。

一切都在重构。

企业家若站在产业家的战略视野定位自己的企业，思考为客户创造了什么价值，运用了哪些互联网的思维与技术，怎样比存量企业做得好，就跳出"红海"了。王玉荣主任与葛新红院长倾心所著的这本书将大家全面带入产业互联网这一时代大趋势。本书理论体系完整,知识点全面,拥有许多原创思维,能够全面地指导如何运用产业互联网思维来推动企业和产业的转型。

——杜峰

尚粮科技董事长 &CEO

王玉荣、葛新红老师一直致力于产业互联网、产业数字化转型的研究和实践,成绩显著,第二版相对于第一版又有了很大的改进,丰富了很多案例。

产业互联网被誉为互联网的下半场,互联网的上半场是消费互联网。布瑞克很幸运赶上了互联网的下半场,专注于农业产业互联网的实践。布瑞克基于农业大数据的农业产业互联网,推动实现从农田到餐桌,从农民到市民的全程数字化、智能化。从过去十几年的实践来看,产业互联网提高了产业的效率,实现了价值的重新分配。以农业食品产业为例,让农民和市民,以及加工企业获得更多的好处。

产业互联网经过几年的发展,逐渐走向成熟期,也被大家越来越重视,承载了我国产业数字化的希望。希望通过本书,更多的人能够了解产业互联网,支持产业互联网的发展,助力中国实体经济快速实现数字化转型。

——孙彤

布瑞克农业互联网创始人、董事长兼 CEO

中国的产业互联网发展,基于产业场景和行业现状进行了大量创新,商业模式创新已经走到了世界的前列,并且还在前赴后继地不断探索。

华采致力于用科技推动渔业流通的数字化，过去七年通过持续的创新，最终突破了大宗水产品交易线上化的难题。这个过程中最难的莫过于深刻理解并洞察行业的基本规律，探索互联网平台搭建和产业场景的深度融合路径。这个过程如同在黑夜中摸索前行。

消费互联网时代诞生了一批成熟的方法论和理论体系，但产业互联网之前一直没有相对完整的理论体系和框架出现。而今，王玉荣和葛新红两位女士的新书《产业互联网：全产业链的数字化转型升级》（第二版）给产业互联网的创业者一个久违的完整实操框架、路径和方法论，给在黑夜里摸索的产业互联网创业者点燃了一支火把！

——张富

华采找鱼创始人兼 CEO

产业互联网是一个必然的发展趋势，也是中国产业高质量发展的一个重要里程碑，科技与产业的结合和渗透需要产业人和科技人共同的努力。在每一个积累了大量知识和经验的行业里，建立起共同的标准和技术语言，让企业与企业之间乃至行业与行业之间形成互联，从而达到一个高效协同的网络。

汉帛国际作为一家传统的服装外贸型企业，一直在产业互联网的道路上探索，以产能数字化为切入点，将全链条的每一个环节做到透明化、可追溯，将不同的产能池连接在一起，从而形成一张可视化、可调配的供应协同网络，提升了产能分配的效率，也为更多同行带去了稳定的订单。

产业互联网的构建是充满挑战的，需要众多产业人和技术人在时间和精力的投入。这本书，无疑给予每一个在这条探索之路上的企业更多的鼓励和指导，也让越来越多的人相信科技推动产业发展的可实践性。我相信在这些点点滴滴的引导和推动下，产业互联网一定会成为推动社会进步的重要支柱。

——高敏

汉帛国际总裁

    继消费互联网的热潮过后，产业互联网已经在各行各业进行着一场"渐进式"的变革和升级，这次变革的空间和想象力是巨大的。之所以称之为"渐进式"的变革，是因为不同于消费互联网对线下实体业态的降维休克式打击，产业互联网对各个产业链条的嫁接和改造是温和的、低摩擦的。我认为产业互联网是运用现代的技术手段对传统产业的一次低摩擦、无害的数字化改造和升级。展望未来，各个产业赛道以及各产业的伴生企业通过数据互联互通、生态协同发展以及全链条的系统升级，能够实现降本提效、提质赋能、数字融通、链化升级，最终形成一种数字化的产业稳态。

    王玉荣和葛新红两位产业互联网研究领域的杰出领军人，既有多年对产业互联网的系统理论思考，又有对大量产业互联网企业实践的深入调研和深度总结。本书由浅入深、内容翔实、案例生动、提炼精准，从产业互联网的全面认知开始逐渐延伸到产业互联网对各个产业的价值重构，围绕着产业互联网企业的价值创新应用，创新提炼出产业互联网企业的"三大基础、五大支柱"，系统阐述了包括供应链服务、技术服务、金融服务、数据服务、人才服务等在内的当下一批国内优秀创新企业的实践案例成果，为众多细分领域的产业变革参与者提供了典型解决方案，是一本不可多得的理论与实践研究集大成之佳作。作为在钢铁产业互联

网赛道持续创新实践的一名新兵，卓钢链愿与产业互联网的各界同人携手共进，为钢铁产业的数字化升级，为中国经济的数字化崛起贡献绵薄之力。

——潘富杰

卓钢链 CEO

　　我从事产业互联网行业近 20 年，从钢铁产业到大化工产业，经历了国内产业互联网的多次升级转型，从信息化到数据化再到数字化，产业互联网进入更深层次的发展阶段。未来，以数字技术与实体经济深度融合为主线，协同推进数字产业化和产业数字化，搭建供应链数字基础设施应用场景，将会迎来广阔空间。

　　《产业互联网：全产业的数字化转型升级》（第二版）一书阐述了产业互联网的发展背景、理论认知、顶层规划及其转型实施，为产业互联网构建了完备的理论体系和实施的方法论。同时通过产业互联网不同领域的实践案例，以实证方法更为清晰地呈现了产业互联网的构建路径和实施效果，值得大家学习与研读。

——白睿

化塑汇 CEO

　　互联网的本质是"连接"，包括人与人的连接、人与物的连接、人与自然的连接等。产业互联网也是"连接"，是围绕产业链展开的跨企业的连接，也是产业内"利益相关者"之间的连接。这种连接推动了价值的创造与再造，为商业世界的发展、社会的进步注入了新的活力。

　　从生产力视角来看，产业互联网是传统产业与信息技术的深度融合，信息技术突飞猛进的发展，推动了传统产业链的优化和重塑，促进了生产力的发展，体现了新时代"数字化"的特征。

从生产关系视角来看，如书中所述，"通过对产业链供给侧进行资源整合和流程优化，去掉或减少产业链的不增值环节，推动产业链中介向增值服务商转化；促进产业链上企业间的分工协作，实现对产业链生产关系的改造优"，"消费互联网和产业互联网最终将走向打通融合，实现从源头到终端的全产业链优化"。这最终还是为了更好地服务终端消费者，体现了新时代"人本化"的特征。

从生产方式视角来看，产业互联网的发展，能够降低交易成本，促成更加专业化的分工与协作，提高对物质资源和能源的利用效率，减少人类对自然资源的攫取，从而促进人与自然的和谐。这符合生态文明的发展要求，体现了新时代"生态化"的特征。

新时代是读书学习的时代，"学以致用"永远都是一条解决问题的途径。如果希望对产业互联网有所了解，或者希望进一步站在产业的高度思考企业的数字化转型问题，《产业互联网：全产业链的数字化转型升级》（第二版）这本书值得一读！

——吴凡松

中国市政工程华北设计研究总院有限公司党委书记、董事长

正如书中所说，接下来将进入产业互联网爆发的黄金十年。这是一本难得的、高价值的产业互联网参考书，从市场需求、政策环境、产业升级等角度分析了产业互联网高速发展的动因，且给出了产业互联网的理论指引，从竞合理论、竞争边界理论、价值网理论、平台生态圈理论和谐管理理论做了充分的分析解读，让我们更加认清楚产业互联网的价值和趋势。作者更是用"一体两翼模型"指明了产业互联网的落地路径，

这一模型来源于企业实践，如欧冶云商、震坤行等，并做了深度的思考和提炼，将进一步指导产业互联网实践者勇往直前。

——李向前

腾讯工业云总经理

本书深入浅出地全面阐述了产业互联网为什么、是什么、做什么、怎么做。产业互联网作为产业数字化落地的有效载体，实现了第一、二、三产业的供应链、资金链和价值链的融合，通过"共享""共生""共创"发掘产业互联网的共享价值、共生价值和共创价值，构建起现代化产业体系，实现经济的高质量发展。

——程艳

上海电气集团数字科技有限公司执行董事、总经理

我跟两位作者认识多年，也经常一起探讨产业互联网的趋势和前景。作者从事管理咨询和 IT 服务工作十几年，帮助众多企业通过建设 IT 系统实现了管理升级，积累了丰富的行业经验。产业互联网实际上是她们在新的历史阶段工作内容的延伸和升级，对产业和互联网的理解使得她们在产业互联网实践方面得心应手，得以在产业互联网服务领域占得先机，拥有众多行业典型案例，在此基础上提炼出系统化、理论化的知识体系。跟同类书相比，实操性是本书的显著特点。书中的很多观点和论述对于理解和实践产业互联网具有很好的指导意义。

——傅仲宏

达晨财智主管合伙人

数字经济时代，企业面临数字化转型，产业互联网正在全面重构产

业链。本书高屋建瓴地剖析了产业互联网的过去、现在和未来。从顶层规划到实施落地及具体的 IT 解决方案，本书提出了企业拥抱产业互联网转型升级的系列真知灼见。书中也附有翔实的案例研究，是企业家、投资者研习产业互联网不可错过的案头书。

——卢荣

越秀产业基金总裁

随着时间推移，产业互联网扮演互联网大潮"下半场"主力的共识日益加强。而早在这个超级风口来临之前，在 2B 领域还远不如当下受到资本青睐时，作者已深度耕耘其中，并基于扎实、持续的实践升华理论。

服务于产业，服务于产业互联网，需要专业机构具备三大能力：深刻理解产业，尊重产业规律和历史积淀；深刻理解数字化，并拥有卓越的端到端解决问题能力；深刻理解资本，借助资本的强大张力为企业数字化和产业互联网的发展提供支持。作者在上述能力圈的建树将大有用武之地。

——袁季

广证恒生总经理

产业互联网平台的发展经历了从 1.0 的资讯及信息撮合到 2.0 的电商交易及运营，再到 3.0 的打通和闭环供应链（金融、物流、仓储），提升行业效率及黏性服务，终将迎来 4.0 以信用数据中心为基础的（产业数字化、供应链数字化）行业整合及高效应用匹配阶段。若产业互联网平台能在发展中率先实现上述阶段目标，就将更具发展机遇。然而完成上述目标并非易事，需要匹配的资源错综繁杂，再加上不同行业的特殊属性，加大了实现难度。《产业互联网：全产业链的数字化转型升级》

（第二版）一书系统地阐述了产业互联网的发展背景、理论知识、顶层规划、业务逻辑应用及实践案例分析，无论您是研究者、实践者，还是管理者，本书都可以指导您在产业互联网发展中的理论与实践，助您业务成长。

——李立

上海复本创新金融信息服务有限公司管理合伙人

产业互联网是互联网经济发展到一定阶段的产物。伴随着企业信息化的普及、通信技术的提升、大数据应用深度与广度的扩展，互联网逐步从信息交流与商业应用拓展到为特定行业或产业链的升级提供赋能。与传统电子商务主要为商业流通提供渠道和便利消费者的定位不同，产业互联网所要解决的是一个多维度的产业生态。在需求端，产业互联网需要统筹传统电商所要解决的消费者福利与大规模定制的需求；在供给端，产业互联网则要考虑智能化的生产和灵活的产品、服务供给；在供应链端，产业互联网为供应链的优化提供平台，协调与统筹上下游产业的管理、物资供给、流通体系构建。金融支持和大数据赋能，使得供给、需求、供应链支持达到最优的资源配置效率。

如果说消费互联网和电子商务是互联网经济发展的第一次高峰，那么产业互联网将为互联网经济带来新的发展机遇。可以预见的是，随着5G和物联网技术的进一步发展，产业互联网将形成一个包容更多生产要素、更多生产主体和消费主体的新型互联网生态体系。

本书系统地阐述了产业互联网的发展背景、产业互联网的理论认知、产业互联网的顶层规划、产业互联网的转型实施，为产业互联网构建了完备的理论体系和实施的方法论。同时，本书展示了产业互联网不同领域的实践案例，以实证方法更为清晰地呈现了产业互联网的构建路径和实施效果。在落地实施方面，本书对于 IT 解决方案也做了详尽的介绍。

本书在对产业互联网体系进行系统论述的过程中，紧紧围绕数字化转型升级的主线，将数字化赋能作为搭建产业互联网的内核与引擎。这一定位准确把握了新一轮互联网浪潮的趋势。产业互联网是新数字经济最重要的模式之一。如何通过数字化激发行业新动能，提升行业价值，将是产业互联网构建中最值得关注的问题。

——吴卫明

上海市锦天城律师事务所高级合伙人、上海律师协会互联网业务委员会主任

序
迎接产业互联网时代

国家"十四五"规划纲要指出:"当今世界正经历百年未有之大变局,新一轮科技革命和产业变革深入发展。"2022年,动荡的国际形势和新冠肺炎疫情的持续影响使得我们对"百年未有之大变局"有了更加清晰的认识和切身的体会,使"提升产业链供应链现代化水平、维护产业链供应链安全稳定"不仅成为国家政策层面的重要决策部署,也成为每个企业生存发展必须面对的战略思考。

我们该如何应对越来越"VUCA"(Volatility,易变性;Uncertainty,不确定性;Complexity,复杂性;Ambiguity,模糊性)的时代?互联网新技术的应用帮助我们不断打破边界,实现物与物、物与人、人与人、企业与企业之间更广泛的连接和协同;产业链上更多的环节正在被数字化,实现了不同资源要素、不同流程环节的实时可视化,推动了产业链从需求侧到供给侧的价值链优化。通过端到端全链路的数智化转型,实现"更快速地感知、更高效地连接、更敏捷地响应"成为越来越多企业的共识;通过全局思维和系统思维,

实现产业链上下游的协同共赢，打造产业命运共同体，成为越来越多企业的选择。产业互联网通过全产业链的数字化改造，通过融合发展和协同共赢的产业治理机制打造，将推动产业链进入高质量发展的新阶段。

我们正迎来产业互联网转型的战略机遇期！首先是国家各项政策的推动，从产业链供应链创新到产业数字化新模式、新业态建设，为产业互联网的转型指明方向；其次是来自实体产业转型升级的内生需求，不管是产业链链主企业的平台化、生态化转型，还是区域产业集群的整体转型与创新发展，都推动从企业级的内卷式竞争到产业级的价值协同共享；再次是金融脱虚向实的转型需求，金融创新为产业互联网的转型提供了重要的资金资源支持；最后是区块链、物联网、大数据、人工智能等互联网新技术与产业场景的结合应用，为产业互联网的发展提供了技术支撑。这几股力量聚合在一起，推动着产业互联网进入高速发展期。

目前产业互联网已经进入三波叠加的发展态势。第一波产业互联网平台企业已经成功上市，如国联股份、上海钢联、欧冶云商；第二波已经实现快速增长并拿到了数亿融资；还有一波已经快速启动了产业互联网平台建设。对于各企业来说，必须从整个产业链的视角，结合自身的资源和能力认真思考战略定位：是选择成为产业互联网平台型企业，抓住产业互联网发展的战略机遇，还是选择与产业互联网平台做好连接，利用这些平台获得更好的协同发展？

对于农牧业、养殖类企业，如何通过产业互联网转型打造农业产业化联合体，实现一二三产业融合发展，推动农产品产业链"三品一标"（品种培优、品质提升、品牌打造和标准化生产）的提升？

对于制造型企业，如何借助产业互联网转型进行产品和服务的升级，实现数字化、智能化、服务化以及平台化发展？对于服务型企业，如何通过产业互联网转型，创新商业模式，实现贸易线上化、产品品牌化、服务平台化发展？对于拥有众多产业资源的行业龙头企业以及行业联盟／协会，如何通过产业互联网转型，打造出一家具有新模式的公司，有效连接行业存量资源，实现互联网化、平台化、资本化？对于区域政府，如何以产业互联网推进区域特色产业集群转型发展，并打破区域限制，形成影响全国／全球的产业辐射力？对于产业园区，如何从传统物业招商升级为面向产业链的孵化、招商和运营，形成新的产业集聚？对于金融／类金融机构，如何找到实施普惠金融的安全、高效通道，以供应链金融赋能实体产业？还有大量产业投资者，如何持续发掘产业互联网的优秀企业，通过资本资源助力，打造新的独角兽？

产业互联网听起来很美，但做起来很难！很多从事产业互联网的实践者已清晰地认识到：产业互联网的转型升级不是一蹴而就的。产业互联网的转型是一项"长坡厚雪"的事业，需要在传统产业中积极突破创新，需要从企业家到"产业家"格局的杂糅思考和行动，需要从顶层设计到闭环落地过程中的规划与演化能力，需要持续的战略韧性和定力，也需要认识和把握产业互联网的发展规律，更多地研究和借鉴成功经验，以少走弯路、规避风险。目前，大量产业互联网平台都面临持续增长的瓶颈，迫切需要能级提升。

从2014年开始，我们就提出"产业互联网"的概念和方法论，并在各行业领域进行实践探索。2017年开始，我们发起成立了产业互联网研产投联盟，会聚了上百位产业互联网领域的研究者、实践

家和投资家，通过集合各方智慧，连续五年发布《产业互联网白皮书》。2021 年，我们成立了产业互联网专委会，发起产业互联网百县百产示范工程。我们希望能够始终站在产业互联网研究和实践的双阵地前沿，在实践中不断研究、思考、总结，并进一步指导实践创新。

这本书是在 2021 年 1 月出版的《产业互联网：全产业链的数字化转型升级》的基础之上进一步全新修订的第二版书。与第一版相比，进行了以下修订。

在第一章"产业互联网的发展背景"中，重点补充了近两年新的政策和实践趋势，如供应链创新与应用示范创建、数字经济发展规划、要素市场化和全国统一大市场、链长制与产业链主办银行、乡村振兴和区域经济发展等，同时对产业互联网的演进历程和发展规律进行了进一步的阐释。

在第二章"产业互联网的全面认知"中，重点从产业价值链优化重构的角度补充阐释了产业互联网的价值创造方式；从区域经济发展的角度，介绍如何通过产业互联网实现新的产业集聚，实现产业链招商模式和产业园区发展的创新。

在第三章"产业互联网的顶层规划"中，重点补充了产业互联网平台的数据服务，数据作为新的生产要素，如何赋能产业互联网的发展，创造新的价值的相关内容。同时，在每个章节都增补了最新的产业互联网实践案例，理论与实践相结合。

在第四章"产业互联网的转型实施"中，增加了产业互联网推进中的规划与演化策略，以及围绕产业互联网发展的人才瓶颈问题的相关内容，还介绍如何进行产业互联网的人才队伍建设。

在第五章"产业互联网不同领域的案例实践"中，进行了相关案例的更新，以帮助读者更好地了解各领域最新的实践进展。

在第六章"产业互联网的典型解决方案"中进行了比较大的调整，补充和更新了产业互联网的各类典型解决方案，包括：如何以产业链图谱构建"产业大脑"；在原大宗商品的产业互联网解决方案之外，进一步补充了农产品全链路数字化解决方案、制造业产业数字化解决方案、专业服务业"平台＋创客"解决方案等，期望给予已进入落地阶段的企业更实用的借鉴。

同时，第二版更注重产业互联网的实践案例研究，围绕着每个核心理论和知识点，通过案例来诠释，累计共收录农业生鲜、工业品、大宗商品、专业服务等各领域实践案例 27 个。

自本书第一版发布后，我们陆续收到不同读者的反馈。

有来自政府相关产业政策制定和产业发展招商部门的工作者，他们说：

"过去都讲企业家，感觉企业家和我们政府部门工作者没有太大关系。然而，这本书中提到的产业家，不仅适用于企业人员，也适用于我们政府工作人员。在推进区域经济发展和产业转型升级中，我们也需要以产业家的思想来武装自己，升级认知。"

有来自企业的管理者，他们说：

"我们企业目前也在思考产业互联网转型，如何创新商业模式实现突破发展，这本书给了我们很好的启示。我们董事长看完后，要求集团上下所有管理干部人手一本，集体学习，从而为转型统一认知、建立共识。"

有来自金融机构的工作人员，他们说：

"产业金融难在产业和金融的跨界融合，通过这本书，我们可以全面了解实体产业转型背景及趋势，以及产业互联网的发展对金融的场景需求变化。产业互联网的不同发展模式和路径规律可以帮助我们筛选目标客户，明确金融服务的切入点。"

有来自高校的教授和学术研究者，他们说：

"这本书帮助我们更好地了解数字经济时代的产业转型趋势和前沿实践，通过系统的理论知识阐释和具体的实践案例解读，将理念和实践有效结合，为学习和研究打开了新的思路，已推荐作为数字经济相关专业学生的教辅资料。"

感谢这些读者朋友的积极反馈，本书适合于政、产、学、研、金等各领域读者。不管您是处在了解阶段，想要知道产业互联网到底是什么，它和个人的事业发展、财富增长的关系，它将创造哪些经济价值和社会价值，还是已经开展了产业互联网的变革，想要进一步突破创新，成为产业互联网领域的成功者，我们都希望这本书能带给您务实的实践借鉴，助您切实地把握住产业互联网发展的重大战略机遇。

我们也希望您能将实践中的经验和心得进一步反馈给我们，通过以下二维码连接进一步交流、互动，共同推进产业互联网理论和实践的持续发展。

目录

第四章

产业互联网的
转型实施

123

第五章
产业互联网不同领域的
案例实践
153

第一章
产业互联网的发展背景

产业互联网发展的内在动因是什么？有哪些外部的政策环境在不断推动着产业互联网的发展？产业互联网的发展经历了哪些阶段，是如何在实践中不断演进的？

带着这些问题，让我们开启本书的第一章。

◆ 1.1 传统产业链的供给侧结构性改革

2017年10月，党的十九大成功召开，为发展新时代中国特色社会主义经济建设指明了方向。十九大报告对我国当前经济形势进行了总结，提出中国特色社会主义发展已进入新时代，新时代面临新矛盾，当前社会主要矛盾已经从"人民日益增长的物质文化需要与落后的社会生产之间的矛盾"转化为"人民日益增长的美好生活需要与不平衡不充分的发展之间的矛盾"，并指出解决这个新矛盾的核心是"深化供给侧结构性改革，加快建设创新型国家"。

什么是供给侧结构性改革？在需求端，人们对美好生活的需要以及消费互联

网发展带来的各种便利化的购物消费新体验，促进不断地消费升级；而在供给侧，大部分的实体产业链条长，产业链上大量小而散的从业者，由于经营分散和信息孤岛，存在着严重的信息不对称、生产水平落后、同质化竞争、整体效率低下的现象。一边是需求侧大量需求得不到满足，一边是供给侧大量的产能过剩和库存积压。产业链发展存在的严重的不充分、不平衡现象，是导致供给侧和需求侧供需失衡的重要原因（见图1-1）。因此供给侧结构性改革，就是要把提高供给体系质量作为主攻方向，通过产业链供给侧的结构调整和要素配置优化，增强供给侧对需求侧的适应和满足。

传统的产业结构和生产经营模式已难以适应新时代经济发展的需求，转型升级迫在眉睫，因此迫切需要通过产业互联网进行产业链供给侧的改造和优化，通过产业链的重构和资源的优化配置实现生产关系的改造，通过新技术、新金融、新人才的赋能提升生产力，从而落实实现党的十九大报告中提出的"以供给侧结构性改革为主线，推动经济发展质量变革、效率变革、动力变革，提高全要素生产率，着力加快建设实体经济、科技创新、现代金融、人力资源协同发展的产业体系"。

随着消费互联网发展逐渐进入成熟阶段以及持续的消费升级，需求侧的发展正在不断推动产业供给侧的改革，在产业供给侧的产业互联网平台型企业中应运

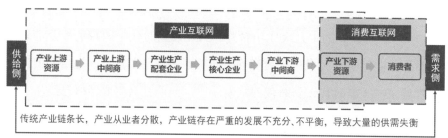

图1-1　从消费互联网到产业互联网

而生。首先，通过连接产业链上下游，打通信息流，将需求侧的需求更快速及时地传递到产业链上游的供给侧，从而用需求更好地指导供给，促进产业链供应链的供需调配和精准对接，形成反向定制和按需生产；其次，通过对传统产业链进行整合优化，尽可能减少价值链中的不增值环节，实现降本增效，形成新模式下的产业价值网络链接；再次，以共享经济模式汇聚产业服务资源，提供集采、仓储、物流等供应链共享服务，并对产业链上下游企业进行技术、金融、人才等赋能，推动产业链的专业化分工和集约化发展；最后，也是最重要的，在产业大数据的支撑下，不断形成产业信用体系，促进产业标准化、规范化发展，形成新的产业治理体系和生态体系。

2022 年 10 月，结合当前国际形势和国内经济发展现状，在党的二十大报告中进一步提出"坚持以推动高质量发展为主题，把实施扩大内需战略同深化供给侧结构性改革有机结合起来"，即强调从需求侧与供给侧两端发力，通过需求侧对有效需求进行持续挖掘，并提升供给侧对有效需求的适配性，从而实现整个产业链的提质、降本、增效和安全，使产业链进入高质量发展的循环。在这个国家战略的指导下，通过互联网新技术推动实体产业全链条的转型升级，将成为中国新时代经济转型的主要特色和重要机遇。

◆ 1.2 区域产业集群的整体转型升级

中国有大量的区域特色产业集群，即在一个区域、一个县或一个镇，围绕某一特色产业，有数万个中小微企业或者个体从业者，产业内部的单个企业大部分规模比较小，但是整个集群却具有显著的规模优势，在全国甚至全球都有较高的市场占有率。这种"块状经济"在长三角、珠三角等地区尤为突出。

例如，农业类的产业集群主要依托本地地理优势、资源优势和传统优势，吸

引大量的农户和个体从业者从事有特色的县域产业，如陕西柞水县的木耳产业、
山东蓬莱的苹果产业，以及在各地推行的"一县一品"等，着力打造当地的特色
农业支柱产业。又如，工业类的产业集群的形成往往具有自己的特点。有些是资
源驱动型的产业集群，如广东的五金、家电产业集群，山西的煤炭产业集群；有
些是贸易驱动型产业集群，如温州打火机产业集群、浦江水晶产业集群、启东的
电动工具产业集群等；同时也有当地政府的引导或产业转移等原因形成的产业集
群，比如临沂的木业、睢宁的家具产业集群等。

1.2.1　区域产业集群的发展痛点

我国区域产业集群普遍面临着转型与发展的双重压力，并存在一些共性问题：
产业从业者分散，技术水平与管理水平落后，利润率低，产业投资活跃度低等，
"低、小、散、乱"现象严重，亟须转型升级。通过对上百个产业集群的调研，
我们总结其主要发展痛点如下。

1. 缺乏自主品牌

大多数产业集群对企业的规模、技术、劳动力的素质要求不高，产业的进入
壁垒较低，经营以"低质跑量"为主，代工企业往往占工业集群企业的大多数，
品牌意识薄弱，缺乏具有自主品牌的企业。

2. 产品和技术创新不足

产业集群以中小企业为主，其起点低，实力小，专业技术人员少，研发基础
薄弱，缺乏自主创新能力，导致产品和技术处于相对低端的水平，相关产品档次
亟须提升；而农业集群中的产品种植分散，种植端管理水平有限，生产效率不高，
产业集群内往往缺乏深加工、精加工配套企业，产品附加值低。

3. 同质化竞争严重

各产业集群大多为同类企业的简单"扎堆"，竞争手段单一，低价格竞争导

致产品同质化，甚至出现恶性竞争的局面，企业普遍利润微薄，盈利能力下降。

4. 没有形成有序协作分工的产业链条

企业不同程度地存在追求"小而全"的倾向，导致企业之间分工和协作水平偏低。"小而全"将导致各自独立建立供应链，效率低，抗风险能力弱。这种状况不仅影响有潜力的大企业的成长，而且削弱了小企业的盈利能力和发展空间，阻碍了产业链的延伸，最终危及集群的自我发展和集群竞争力的提升。

5. 产业集群配套基础设施约束

产业集群配套的公共服务基础设施缺乏，缺少社会化服务体系的有效支撑；同时随着发展规模的扩大，土地、资本、能源等要素供给不足的瓶颈会日益突出。在这种情况下，一些产业内企业开始向集群外转移，这是不少产业集群发展到一定阶段后增长受限甚至下滑的原因。

6. 产业高端人才缺乏

由于产业集群大部分分布在三、四、五线城市，难以吸引到高学历的人才，当地的新生代也大部分倾向于在一、二线城市就业，导致产业高端化发展所需的专业人才和创新人才不足。

随着外部竞争环境的变化，市场竞争不再是单个企业与单个企业之间的竞争，激烈的竞争环境将迫使企业从竞争关系转化为竞合关系，从而转化为整个产业链之间的竞争。如何通过互联网、区块链技术链接整合区域产业集群，实现产业链的集约化发展；如何通过建立区域特色产业互联网平台，全方位赋能并推动产业集群的整体转型升级；如何通过多方赋能链接打破产业壁垒，打造新的产业生态……这些已成为区域经济转型发展的重点。

1.2.2 区域产业集群的产业互联网转型

以产业链合作为基础，以产业共享服务为手段，以产业高端化发展为目标，

由区县政府、行业协会和产业骨干企业等多方共同发起打造区域特色产业互联网平台，结合产业链上下游痛点和共性需求，建立全产业链的一站式共享服务平台，提供集交易结算、仓储物流、技术创新、供应链金融、人才培养、质量检验、品牌营销、大数据分析等综合配套服务，通过技术普惠和金融普惠等解决产业链中小微企业的发展瓶颈。同时，通过整合全产业链的资源信息和产业大数据的采集，将进一步实现区域产业的数字化管控，推动整个产业链的规范化发展和产业结构布局的优化调整。

区域产业集群的产业互联网化，一方面将带动现有万家产业中小微企业的整体转型升级，实现存量优化；另一方面将形成百亿/千亿规模的基于互联网新经济的产业互联网平台，未来可进一步突破区域限制，实现全国/全球更大范围的产业资源连接和集聚，实现增量发展。最终形成产业链大中小企业融通发展的新格局，提升产业链的整体竞争力（见图1-2）。

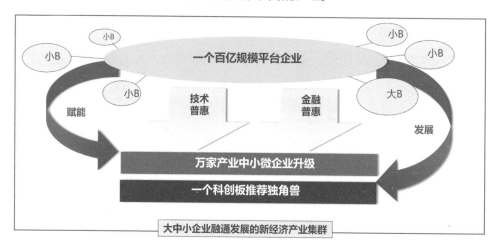

图1-2　区域产业集群的整体转型升级

在各级政府的政策引领下，区域产业集群利用区位地理上的产业集中优势，借助产业互联网平台来放大纵向协作与横向互补关系，将形成具有明显成本优势和创新优势的区域经济系统。以数字经济促进产业集群中的大中小微企业协同发展，对推动乡村振兴和共同富裕发挥着至关重要的作用。

◆ 1.3 国家大力推进实体产业转型的政策支持

围绕着深化供给侧结构性改革和现代产业体系建设，国家持续出台了一系列的政策，包括供应链创新与应用、平台经济发展、产业数字化转型、要素市场化与全国统一大市场等，这些政策从不同维度对产业互联网的发展起到了积极的引导和推进作用。

1.3.1 供应链创新与应用

以互联网推动产业供应链的优化升级，促进供需匹配、降本增效和产业升级，成为供给侧结构性改革的重要支撑。围绕着供应链创新与应用，国务院各部委陆续出台一系列支持政策。

具有里程碑意义的政策文件是 2017 年 10 月出台的《国务院办公厅关于积极推进供应链创新与应用的指导意见》（国办发〔2017〕84 号）（下文简称《意见》）。《意见》明确提出到 2020 年，形成一批适合我国国情的供应链发展新技术和新模式，基本形成覆盖我国重点产业的智慧供应链体系。供应链在促进降本增效、供需匹配和产业升级中的作用显著增强，成为供给侧结构性改革的重要支撑。《意见》明确以下重点任务：（1）推进农村一二三产业融合发展；（2）促进制造协同化、服务化、智能化；（3）提高流通现代化水平；（4）积极稳妥地发展供应链金融；（5）积极倡导绿色供应链；（6）努力构建全球供应链。

为进一步推进《意见》的落实，2018 年 4 月商务部、工业和信息化部、生态环境部、农业农村部、人民银行、国家市场监督管理总局、中国银行保险监督管理委员会和中国物流与采购联合会等 8 部门联合下发《商务部等 8 部门关于开展供应链创新与应用试点的通知》（商建函〔2018〕142 号），在全国范围内开展供应链创新与应用城市试点和企业试点，推动形成创新引领、协同发展、产融结合、供需匹配、优质高效、绿色低碳、全球布局的产业供应链体系，促进发展实体经济。

2018 年 9 月 29 日，商务部市场体系建设司在官网上发布《关于全国供应链创新与应用试点城市与企业评审结果的公示》，根据公示的结果，经商务部等 8 部门审核，确定了北京等 55 个城市成为全国供应链创新与应用试点城市，269 家企业成为全国供应链创新与应用试点企业，这些试点企业大部分是在产业互联网的应用方面进行了多年的探索实践并取得了一定成绩的企业。

随着实践的推进，2020 年 4 月，商务部等 8 部门又下发《商务部等 8 部门关于进一步做好供应链创新与应用试点工作的通知》（商建函〔2020〕111 号），文件中强调要加强供应链安全建设；加快推进供应链数字化和智能化发展；促进稳定全球供应链；推动产业供应链向贫困地区延伸，因地制宜支援贫困地区优势产业发展；充分利用供应链金融服务实体企业，并重点提及数字化在产业发展中的重要作用。

2021 年 3 月，商务部等 8 部门发布《关于开展全国供应链创新与应用示范创建工作的通知》（商流通函〔2021〕113 号），提出培育一批全国供应链创新与应用示范城市和示范企业，通过梳理试点中出现的典型案例，及时推广示范形成的先进模式和经验，扩大示范效果，并通过三年试点，遴选发布了第一批全国供应链创新与应用 10 个示范城市和 94 家示范企业。

2022 年 5 月，商务部等 8 部门印发《全国供应链创新与应用示范创建工作规范》（商流通函〔2022〕123 号），明确了示范城市和示范企业评选指标体系，并明确以后将每年认定，推动示范创建工作进入常态化推广阶段。

从这些供应链创新与应用系列政策文件中可以看到，国家循序渐进地持续推进供应链创新与应用，从颁布指导意见到试点推进，再到示范创建，最后到常态化示范推广。

通过研究这些政策文件，我们发现，现代供应链创新与应用更强调端到端的全局视野和系统思维，更关注产业链层面的供应链创新。因此开展供应链创新必须先进行供应链思维的转变，以供给侧结构性改革为主线，从全局、系统的视角去重新认知产业链供应链，推动产业全链条效率和效益的系统化提升，用协同、融合的理念去推动供应链的优化创新，实现产业链供应链的一体化协同和共赢发展。

1.3.2 平台经济发展

要形成大中小企业专业化分工协作的产业供应链体系，离不开产业共享服务平台的支撑。平台经济作为互联网时代的新模式、新业态，经历了不断的实践探索和创新。

2015 年 9 月国务院发布《国务院关于加快构建大众创业万众创新支撑平台的指导意见》（国发〔2015〕53 号），首次提出"发展四众（众创、众包、众扶、众筹）平台"，拓展创业创新与市场资源、社会需求的对接通道，搭建多方参与的高效协同机制，优化劳动、信息、知识、技术、管理、资本等资源的配置方式。

针对制造业的转型发展，2017 年 8 月工业和信息化部陆续出台《制造业"双创"平台培育三年行动计划》（工信部信软〔2017〕194 号）和《工业电子商务发展三年行动计划》（工信部信软〔2017〕227 号）。发文提出：到 2020 年底，重点行业骨干企业互联网"双创"平台普及率超过 85%，支持建设面向企业内部

和产业链上下游的"双创"要素汇聚平台，促进面向生产制造全过程、全产业链、产品全生命周期的信息交互和集成协作，大力发展工业电子商务平台，推动工业企业交易方式和经营模式的在线化、网络化和协同化。

2017年10月，农业部等6部委发布《国务院关于促进农业产业化联合体发展的指导意见》（农经发〔2017〕9号），提出积极培育发展一批带农作用突出、综合竞争力强、稳定可持续发展的农业产业化联合体，使其成为引领我国农村一二三产业融合和现代农业建设的重要力量，为农业农村发展注入新动能。通过构建上下游相互衔接配套的全产业链，实现从单一产品购销合作到多元要素融合共享的转变，推动订单农业和"公司＋农户"等经营模式创新，促进农业提质增效。

随着在农业和制造业的产业平台化的不断实践探索，2018年9月，国务院印发《国务院关于推动创新创业高质量发展打造"双创"升级版的意见》（国发〔2018〕32号），提出"搭建大中小企业融通发展平台。实施大中小企业融通发展专项行动计划，加快培育一批基于互联网的大企业创新创业平台、国家中小企业公共服务示范平台"。这是在2015年《国务院关于加快构建大众创业万众创新支撑平台的指导意见》（国发〔2015〕53号）所提出的"发展四众（众创、众包、众扶、众筹）平台"基础上的进一步实践提升，明确以大企业构建基于互联网的创新创业平台，带动产业链中小微企业共同发展。

2018年11月，工信部、发改委、财政部、国资委联合发布《促进大中小企业融通发展三年行动计划》（工信部联企业〔2018〕248号），提出构建大中小企业深度协同、融通发展的新型产业组织模式，支持实体园区打造大中小企业融通发展特色载体；鼓励大企业发展供应链金融，开展订单和应收账款融资、仓储金融等服务，帮助上下游中小供应商提高融资效率、降低融资成本。推动大企业以股权投资、股权质押融资等形式向中小企业提供专业金融服务；依托特色载体打造大中小企业融通发展的新型产业创新生态，推动大中小企业在物资采购、市场营销、资金融通等方面相互合作；形成大企业带动中小企业发展、中小企业为大企业注入活力的融通发展新格局。

2019 年 2 月 12 日，商务部等 12 部门联合下发《商务部等 12 部门关于推进商品交易市场发展平台经济的指导意见》（商建函〔2019〕61 号），力争到2020年，培育一批发展平台经济成效较好的千亿级商品市场，推动上下游产业和内外贸融合，形成适应现代化经济体系要求的商品流通体系，更好统筹供给侧结构性改革。

2021 年 10 月 26 日，商务部会同中央网信办、发展改革委共同印发《"十四五"电子商务发展规划》，提出支持 B2B 电子商务平台加速金融、物流、仓储、加工及设计等供应链资源的数字化整合，培育产业互联网新模式新业态，鼓励工业电子商务平台向数字供应链综合服务平台转型，提供线上线下一站式服务，解决采购、营销、配送、客户服务等业务痛点；鼓励企业依托电子商务平台发展可视化、弹性化供应链业务体系，提升供应链快速响应能力。

从"四众"平台到双创升级，实现大中小企业融通发展；从农业、制造业到商贸流通业，打造基于数字化的 B2B 供应链综合服务平台，产业互联网的发展趋势和路径越来越明晰。

1.3.3　产业数字化转型

近几年，加快新基建、推动产业数字化转型成为提振经济的重要抓手。为进一步加快产业数字化转型，培育新经济发展，助力构建现代化产业体系，实现经济高质量发展，一系列产业数字化的政策和规划纷纷出台。

2020 年 4 月，国家发展改革委、中央网信办研究制定了《关于推进"上云用数赋智"行动 培育新经济发展实施方案》（发改高技〔2020〕552 号）（下面简称《方案》）。《方案》首次在国家政策层面正式提出"产业互联网"的概念，鼓励构建多层联动的产业互联网平台，为中小微企业数字化转型赋能。通过构建

数字化产业链，打通产业链上下游企业数据通道，促进全渠道、全链路供需调配和精准对接，以数据供应链引领物资链，促进产业链高效协同，有力支撑产业基础高级化和产业链现代化。

2020年5月7日，农业农村部会同国家发展改革委、财政部、商务部印发了《关于实施"互联网+"农产品出村进城工程的指导意见》（农市发〔2019〕5号）（下文简称《意见》）。《意见》提出发挥"互联网+"在推进农产品生产、加工、储运、销售各环节高效协同和产业化运营中的作用，培育出一批具有较强竞争力的县级农产品产业化运营主体，建立完善适应农产品网络销售的供应链体系、运营服务体系和支撑保障体系，实现优质特色农产品产销顺畅衔接、优质优价，供给能力和供应效率得到显著提升，农民就业增收渠道进一步拓宽。《意见》优先选择包括贫困地区、特色农产品优势区在内的100个县开展试点。从《意见》可以预见，产业互联网将逐步渗透至最传统的农业产业集群，"农业+产业互联网"也将大有可为。

2021年12月，国务院印发《关于"十四五"数字经济发展规划的通知》（国发〔2021〕29号）（下文简称《通知》）提出，数字经济是继农业经济、工业经济之后的主要经济形态，是以数据资源为关键要素，以现代信息网络为主要载体，以信息通信技术融合应用、全要素数字化转型为重要推动力，促进公平与效率更加统一的新经济形态。"十四五"时期，我国数字经济转向深化应用、规范发展、普惠共享的新阶段。《通知》指出，要全面深化重点产业数字化转型；立足不同产业特点和差异化需求，推动传统产业全方位、全链条数字化转型，提高全要素生产率；同时要推动产业园区和产业集群数字化转型；积极探索平台企业与产业园区联合运营模式，丰富技术、数据、平台、供应链等服务供给，提升线上线下相结合的资源共享水平，引导各类要素加快向园区集聚；围绕共性转型需求，推动共享制造平台在产业集群落地和规模化发展；探索发展跨越物理边界的

"虚拟"产业园区和产业集群，加快产业资源虚拟化集聚、平台化运营和网络化协同，构建虚实结合的产业数字化新生态。

1.3.4　要素市场化与全国统一大市场

在十九大报告和二十大报告中都提到了"提高全要素生产率"。什么是要素？如何提高要素生产率？2020年3月，中共中央国务院《关于构建更加完善的要素市场化配置体制机制的意见》（中发〔2020〕9号），明确了土地、劳动力、资本、技术和数据五大要素的市场化配置要求，包括"推进土地要素市场化配置，引导劳动力要素合理畅通有序流动，推进资本要素市场化配置，加快发展技术要素市场，加快培育数据要素市场"。要素市场化配置第一次在国家政策层面正式提出要求，将全面推动产业发展的关键要素灵活地、合规地、全面地支持产业发展，这将有利于产业体系的优化升级，对产业互联网的发展将起到积极的推动作用。同时，将数据作为一种新型生产要素，通过加快数据要素市场培育，充分发挥数据要素对其他要素效率的倍增作用，将使大数据成为推动经济高质量发展的新动能。

2022年3月，中共中央国务院进一步出台《关于加快建设全国统一大市场的意见》（下文简称《意见》）。《意见》指出：一是强化市场基础制度规则统一；二是推进市场设施高标准联通；三是打造统一的要素和资源市场；四是推进商品和服务市场高水平统一；五是推进市场监管公平统一。在"加快培育统一的技术和数据市场"中提到要"加快培育数据要素市场，建立健全数据安全、权利保护、跨境传输管理、交易流通、开放共享、安全认证等基础制度和标准规范，深入开展数据资源调查，推动数据资源开发利用"，这为产业互联网平台的产业大数据开发应用指明了方向。同时在"推进市场设施高标准联通"中提到要"形成更多商贸流通新平台、新业态、新模式""培育一批有全球影响力的数字化平台企业和供应链企业"，这令产业互联网从业者受到鼓舞。

1.3.5 各省市产业链"链长制"

纵观一系列国家政策的出台，我们可以看到，不管是供应链创新与应用，还是平台经济的发展，抑或全产业全链路的数字化转型，从国务院到各部委一直在持续地推动和引导"实体产业＋互联网"的转型升级，也在实践中不断地迭代演进。每一项政策的落实都是由涉及的多个部委联合发文以协同推进的。产业级的升级改造和政策落地必然要打破过去的政府职能条块分割，而转向一产（农林牧渔业）、二产（工业）、三产（服务业）融合发展，以及全产业链的整合优化和协同创新。

产业互联网在各地方的落实，涉及发改委、工信委、商委、科委、农业局、金融办等各相关委办局，同时产业人才的发展也和组织部、人社部等紧密相关。因此，为了更好地协同推动区域产业链的高质量发展，近几年在很多省市县开始推行"链长制"。

所谓"链长制"，即围绕区域主导产业和特色产业，每个产业链指定一名党政主要领导亲自挂帅担任"链长"，利用地方最高负责人的综合协调优势，打破职能边界、产业边界和地域边界，在更高层面上保障产业链的完整、稳定和发展。

"链长"的主要任务如下：首先，高效统筹政府的产业政策制定和产业公共服务，优化营商环境；其次，协调企业、科研、资本、人才和服务等各类外部资源，推动产业链上下游的协同和连接，提升产业链各环节间的有效合作程度，形成产业发展合力；最后，围绕产业链薄弱环节进行重点突破，推动补链、强链、延链，加速构建完整产业链条，实现产业链招商模式的创新。

"链长制"由浙江省首创，随后江西、广东、河北、河南、山东、黑龙江、合肥、南京、深圳、天津等全国多个省市也纷纷出台了相应的链长制方案。对应"链长"的是"链主"企业，即产业互联网平台企业和产业链核心企业，通过市场化的方式实现产业链上下游企业的数字化链接和价值共创。通过"链长"＋"链主"，自上而下与自下而上相结合，实现"有为的政府＋有效的市场"的结合，共同推动产业转型升级与创新发展。

◆ 1.4　金融赋能实体产业的创新推动

金融是实体经济的血脉，实体产业的发展有大量的供应链金融的需求，实体产业的转型升级也需要金融的全面创新支持。金融机构如何脱虚向实，赋能实体产业？银行等金融机构如何抓住产业互联网带来的创新发展机遇？不管是国家相关政策的制定，还是金融机构的实践，都在积极推进。

1.4.1　实体产业发展对供应链金融需求迫切

在整个产业供应链中，生产周期、销售周期以及市场价格、需求的波动等因素导致企业的资金支出和收入通常不能处于一个均衡的状态。比如，产品从采购生产到销售形成回款收入有一定的时间差；供应链涉及的采购、配送和销售环节存在地点转移，有空间差；同时由于中小企业在产业链上处于弱势地位，上游企业通常会要求以现金方式提货，而下游企业往往又有较长的账期，供需双方"货到付款"与"款到发货"的矛盾以及资金支付的延迟等导致中小企业经常面临缺少资金周转等困境。而我国金融机构长期以来缺少有效的风险把控手段，对中小企业的金融需求满足程度极低。中小企业的融资难、融资贵成为影响产业链健康发展的关键问题。

传统信贷模式下，金融机构由于对产业情况缺乏了解，对申请融资的用途的真实性无法把握，产业链上的信息无法进行在线管控和可追溯，尽职调查的人工成本高，对融资的风险控制较难，在出现风险事件需要对质押物进行处理时往往又缺乏有效的手段等，因此难以直接为产业链中小企业提供融资服务。在国家扶

持中小微企业融资的政策要求下，银行等金融机构根据信用给中小企业贷款或融资，导致融资风险、坏账率也出现大幅上升。因此，中小微企业的信用问题也是导致融资难的重要障碍。

供应链金融的核心是金融的安全和风险管控、信用的评估和应用。产业互联网平台的出现，打通了产业供应链中的商流、物流、信息流和资金流；以产业互联网平台各类交易和服务形成的产业大数据和交易信用，构成产业信用体系；以基于产业互联网平台的在线化真实交易为场景，运用供应链融资的方式，通过供方融资（应收账款）、需方融资（订单融资）、质押融资等手段封闭资金流或者控制物权，为产业链中小企业提供供应链融资服务，成为新一代供应链金融服务的重要模式。

一方面，产业互联网的发展亟需金融的助力，以供应链金融解决产业链上下游中小微企业融资难、融资贵的痛点问题，将帮助产业互联网平台企业更好地获客，是推动产业互联网平台快速发展的重要驱动力，同时供应链金融服务也为产业互联网平台提供了新的盈利模式。另一方面，金融机构面对宏观经济放缓、利率市场化、金融和技术脱媒、金融去杠杆等严峻挑战，长久以来的业务模式难以为继，必须与实体产业深度融合，全面转型刻不容缓。

1.4.2　供应链金融创新相关国家政策推动

在1.3.1中提到的供应链创新与应用相关国家政策中，都明确提出推动用供应链金融服务实体经济是供应链创新的重要任务和意义：供应链金融的规范发展，有利于拓宽中小微企业的融资渠道，确保资金流向实体经济；鼓励建立供应链金融服务平台，为供应链上下游中小微企业提供高效便捷的融资渠道；鼓励发展线上应收账款融资等供应链金融模式，加强供应链大数据分析和应用，确保借贷资金基于真实交易；推动供应链核心企业与商业银行、相关企业等开展合作，在有效防范风险的基础上，积极稳妥地开展供应链金融业务，为资金进入实体经济提供安全通道。

2019 年 2 月，中共中央办公厅、国务院办公厅联合发布《关于加强金融服务民营企业的若干意见》，提出总体要求，"有效缓解民营企业融资难、融资贵问题，增强微观主体活力，充分发挥民营企业对经济增长和创造就业的重要支撑作用"，从而督促和引导金融机构不断加强和改进对民营企业的金融服务，并在具体举措中提出"商业银行要减轻对抵押担保的过度依赖，要依托产业链核心企业信用、真实交易背景和物流、信息流、资金流闭环，为上下游企业提供无需抵押担保的订单融资、应收应付账款融资"。

2019 年 7 月，中国银保监会发布《关于推动供应链金融服务实体经济的指导意见》（银保监办发〔2019〕155 号）（下文简称《意见》）。《意见》指出，银行保险机构应依托供应链核心企业，基于核心企业与上下游链条企业之间的真实交易，整合物流、信息流、资金流等各类信息，为供应链上下游链条企业提供融资、结算、现金管理等一揽子综合金融服务。《意见》提出四项基本原则：一是坚持精准金融服务，以市场需求为导向，重点支持符合国家产业政策方向、主业集中于实体经济、技术先进、有市场竞争力的产业链链条企业；二是坚持交易背景真实，严防虚假交易、虚构融资、非法获利现象；三是坚持交易信息可得，确保直接获取第一手的原始交易信息和数据；四是坚持全面管控风险，既要关注核心企业的风险变化，也要监测上下游链条企业的风险。

2020 年 9 月，中国人民银行、工业和信息化部、司法部、商务部、国资委、市场监管总局、银保监会、外汇局等八部委发布《关于规范发展供应链金融 支持供应链产业链稳定循环和优化升级的意见》（下文简称《意见》）。《意见》提出，供应链金融是指从供应链产业链整体出发，运用金融科技手段，整合物流、资金流、信息流等信息，在真实交易背景下，构建供应链中占主导地位的核心企

业与上下游企业一体化的金融供给体系和风险评估体系，提供系统性的金融解决方案，以快速响应产业链上企业的结算、融资、财务管理等综合需求，降低企业成本，提升产业链各方价值。《意见》中特别强调，供应链金融应以服务供应链产业链完整、稳定为出发点和宗旨，同时指出"金融机构、核心企业、仓储及物流企业、科技平台应聚焦主业，立足于各自专业优势和市场定位，加强共享与合作"。与之前的政策文件相比，《意见》不再局限于核心企业和金融机构的供应链金融，而是强调了仓储及物流企业、科技平台的作用和产业链整体协作的重要性。

通过以上政策文件可以看出，不管是产业侧还是资金侧，都在努力推进产业和金融的融合发展，从而推动了基于产业互联网的供应链金融实践创新。

1.4.3　金融机构的实践创新探索

金融机构通过与产业互联网平台的合作，降低了其对具体客户不能充分了解、资金用途无法把握、交易过程真实性无法确认、质押过程动态无法及时获知等融资过程中所产生的信息不对称风险，为金融资金到达产业链中小微企业、实现普惠金融目标提供了安全通道。越来越多的金融机构加速供应链金融的布局以及与产业互联网平台企业的合作，国内商业银行大多都成立了供应链金融服务的相关部门，也推出了面向企业供应链金融服务的相关产品。

平安银行是国内最早提出并践行供应链金融的银行之一。2013 年，平安银行提出 3.0 版本的平台和供应链金融模式，在组织架构上单独设立公司网络金融事业部，专职于供应链金融产品的创新和推广。在平台建设上搭建了跨条线、跨部门的银行公共平台，并与供应链协同平台、大型企业 B2B 平台等合作开展供应链金融服务。

2018 年 2 月，民生银行在总行设立供应链金融一级部，加大各方面资源投入，彰显了民生银行将供应链金融作为未来战略发展和重点资源投入的信心和决心。

一级部门的设立将有效解决供应链金融操作各个环节信息不对称的问题，有效地组织参与各方的资源，打通核心企业、上下游企业、仓储物流、质押、尽调、全流程动态管理中的信息壁垒，为实现标准化管理、提高资金效率、降低风险隐患提供组织架构层面的支持。

2018 年年底，中国银行在国有大型商业银行中率先成立交易银行部，全方位整合渠道、产品及服务，提供面向对公客户的综合金融解决方案。成立交易银行部，有助于"输血"小企业，不以企业的抵质押物为重点，而是关心企业核心账户项下的收和付，关注企业的现金流。

除此之外，中国建设银行、招商银行、中国工商银行、中国农业银行等国有大型银行以及江苏银行、浙商银行、华夏银行等也纷纷在总行与分行加强交易银行部、普惠金融部、网络金融部等建设，加大对供应链金融服务的投入，推进传统金融服务的智能化改造，并积极探索与产业互联网平台的合作开展链式融资服务，通过转化核心企业的银行授信和利用在产业互联网平台上的交易信用，帮助供应链上下游中小微企业盘活应收账款，解决中小微企业融资难题。

2021 年之后，对应 1.3.5 的"链长制"，湖南、湖北、陕西、天津等多个省市陆续推出产业链主办行制度或产业链金融链长制。如湖南省通过"一链一行"，立足当地新兴优势产业链和先进制造业集群，围绕核心企业与上下游企业，提供系统性的金融解决方案。主办行要围绕产业链制定供应链金融专项授信政策，配置专项信贷资源，开辟绿色服务通道，切实加大对产业链的融资支持。湖北省推出重点产业链金融链长制，金融链长制与湖北重点产业链对接，形成"一链一策"，制度覆盖产业链核心企业和上下游小微企业的综合金融服务方案，推进金融惠企政策与重点产业链融资需求高效对接，有效满足重点产业链发展金融服务需求。

不管是产业链主办行，还是金融链长制，核心都是着眼于整体产业链，依托产业链上下游的真实交易数据、资金流和物流信息，充分运用物联网、大数据、

区块链等金融科技，从产业链全局角度构建系统的金融解决方案，并推动对应的产业链主办行紧密围绕产业链，更好挖掘产业场景中的金融服务需求，推动产业链金融实现更专业化的发展。

◆ 1.5 产业互联网的实践探索和演进

纵观中国互联网的发展历程，产业互联网分阶段的实践探索和演进与互联网技术的发展和消费互联网的应用渗透是密不可分的（见图1-3）。

图1-3 产业互联网分阶段的实践探索和演进

1.5.1 消费互联网在中国的应用发展

互联网发展的第一阶段主要是满足人们获取信息的需求。从1994年中国开通了互联网，各类门户网站和资讯平台陆续出现，到1997年，网易、搜狐、新浪等门户网站出现，互联网进入了第一次发展的高峰期。随后基于互联网的社交需求，腾讯QQ软件风靡全国，同时百度等搜索引擎工具也被推向市场。

互联网发展的第二阶段，线上的信息交流逐渐延伸至网络购物。从最早1999年当当在网上开始卖书，到2003年随着非典疫情的爆发，电子商务得以快速发展，淘宝、京东等电商平台陆续上线，线上支付平台逐步完善，各类消费品企业也开始纷纷布局自己的电商渠道和企业商城。

互联网发展的第三阶段从 2011 年开始，智能手机逐步普及，伴随着微信和各类 APP 的应用，进入移动互联网时代。一方面，移动互联网的便利性使得电子商务进入爆发期；另一方面，交易内容从商品所有权买卖延伸到服务交易与商品使用权交易，2013 年前后基于移动互联网的第三方共享经济平台陆续出现，通过整合线下分散资源进行需求与供给的匹配，例如"滴滴"。

　　以上几个阶段的互联网发展都是由消费端发起和推动的，因此我们称之为"消费互联网"。过去20多年来，消费互联网已逐步渗透进人们生活的各个领域，在衣、食、住、行、娱、医等各细分市场都有相应的消费互联网平台，极大影响了人们的生活和消费习惯。消费互联网的发展经历了从单向信息资讯——连接交互——在线交易——共享平台——平台生态（规则化、赋能化）的演进，逐步进入成熟期，而消费互联网的应用也沿着产业链条不断往上游供给侧渗透，必然影响和倒逼产业互联网的发展。

　　随着消费互联网市场进入成熟阶段，一方面积累了大量的技术、人才、资本等资源，另一方面消费端的人口红利即将释放殆尽，消费互联网的高速发展即将一去不复返，为此，阿里巴巴、腾讯、京东等互联网企业纷纷布局，拥抱产业互联网。2016 年阿里巴巴率先提出新零售概念，强调"线上服务、线下体验及现代物流进行深度融合的零售新模式"，开启从消费端往供给端的改革推进。腾讯也在 2018 年发布公司转型产业互联网的重大战略调整，提出"互联网的下半场属于产业互联网。上半场腾讯通过连接为用户提供优质的服务，下半场我们将在此基础上，助力产业与消费者形成更具开放性的新型连接生态"。京东在 2018 年将"京东金融"升级为"京东数字科技"，提出"让数字科技成为连接金融和实体产业的桥梁，一手助力金融数字化，一手助力产业数字化"。这些变化标志着消费互联网到了发展拐点，进入与产业互联网的融合发展期。

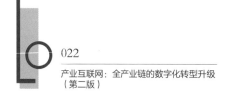
1.5.2　产业互联网的分阶段实践探索

随着消费互联网的发展影响和应用渗透，产业互联网的发展和消费互联网有着相似的演进规律，我们将其大致归为以下三个阶段。

第一阶段：以信息服务为核心的产业资讯平台。

将大量产业资讯信息归纳到互联网平台上，利用互联网实时性、共享性的特点，帮助企业实现供求信息获取的便利性和及时性，解决传统交易中的信息不对称问题。买卖双方可以在线沟通交流，匹配交易对象。在这一阶段，相关资讯平台主要通过收取广告费和会员费来实现盈利。

第二阶段：以促成交易为核心的产业电商平台。

随着用户需求的升级，平台逐步深入交易环节，B2B产业电商平台大量出现。通过资讯服务将大量的用户吸引入平台，并通过供需信息匹配、撮合服务、平台结算、线上支付等方式促成线上交易。丰富的平台商品、便捷的商品检索和推送、实时的线上交易结算极大提升了平台交易效率。在此阶段，平台的主要经营模式包括自营、撮合、联营（寄售）等，平台主要以交易差价或者交易服务费、会员费作为其主要盈利方式。

第三阶段：以综合服务为核心的产业链集成服务平台。

在提供资讯、交易的基础上，结合产业链上下游用户的需求，以集成服务为核心，拓展运输、仓储、加工服务，以及知识和技术解决方案、金融、人才等产业链增值服务，推动线上和线下融合，并向上下游产业两端渗透，改变传统商业模式，促进产业链高效协同，有效提升全链条的服务效率，降低成本，并不断推动形成共建、共享、共治的产业生态圈。在这个阶段，平台从自营逐渐转向生态化运作，各项增值服务费成为其主要盈利方式。

从图1-3可以看出，产业互联网的各阶段发展是稍滞后于消费互联网的，这与产业供给侧的复杂性、不同产业的差异化是息息相关的。从发展现状来看，不同产业的产业互联网发展也存在比较大的差异，目前钢铁、能源、化工、农粮、生鲜、工业品、汽车汽配等领域的产业互联网发展相对比较成熟。我们以钢铁产业互联网的发展来做一下分析。

2000—2012 年是钢铁产业互联网的资讯时代。这一时期主要以钢铁资讯平台为主，展示钢材价格、撮合买卖双方交易，线上交易较少。典型代表如钢之家、我的钢铁网等。

2013—2018 年是钢铁产业电商的爆发期。据统计，这一时期有 300 余家钢铁产业电商平台涌现，包括钢厂背景、贸易商背景、资讯和资本背景的不同钢铁产业电商平台，在提供钢铁信息资讯服务的基础上，线上交易逐渐增多，并以线上交易为核心开始提供多种增值服务。

2019 年以后，钢铁产业互联网经过优胜劣汰和竞合发展，头部效应日趋明显，逐步形成欧冶云商、上海钢联、找钢网三家大型综合平台与若干垂直平台共存的格局。通过搭建产业链集成服务平台，协同商流、信息流、物流、资金流，能够提供"多流合一"的综合性服务。

本章小结

互联网发展的主战场已从消费互联网转向产业互联网，这既是国家政策的指引，又是各传统产业发展受困必须转型的现实迫切需求，同时也离不开金融创新和技术发展的支撑。

通过本章内容，我们总结出以下产业互联网发展的关键词。

1. 一二三产融合发展

产业互联网是实现传统产业链供给侧结构性改革的有效抓手，是以互联网新技术推动从需求侧到供给侧的实体产业全链条的转型升级。因此不能再

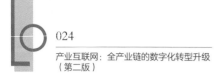

按照第一产业、第二产业、第三产业的分类来推进，而必须立足产业链端到端的视角，如农业产业链，涉及从农产品的生产养殖端到中间的加工制造，再到销售流通服务，需要将一二三产业融合、全链条的连接打通和协同发展。

2. 大中小企业融通发展

产业链所有企业是一个产业命运共同体。产业链上下游／区域产业集群中有大、中、小不同规模的企业，鼓励大企业或者区域产业集群打造产业互联网的共享赋能平台，带动上下游中小微企业共同发展，从而进一步推进产业链的专业化分工，实现大中小企业融通发展和共同富裕。

3. 产业与金融互促发展

产业互联网平台为资金进入实体产业提供了有效的风控手段和安全通道，未来结合产业场景的供应链金融创新将成为推动产业转型升级的重要推动力，也使金融能真正实现脱虚向实，赋能实体产业。

4. 线上线下一体化发展

随着互联网从线上信息资讯与电子商务不断向线下延伸，与线下的产业场景与服务流程紧密结合，未来不再分线上业务和线下业务，而是线上线下商流、信息流、物流、资金流的一体化全面整合。仅有线上场景的互联网行业将成为传统行业，能将线上线下一体化打通的产业互联网才是未来。

党的二十大已经明确提出全面推动"产业链高质量发展"的战略方向，产业、科技与金融的融合创新将推动产业互联网发展到新的阶段，地方政府、行业龙头企业及各类专业服务机构的积极探索将推动产业互联网进入百花齐放的繁荣发展期。

第二章
产业互联网的全面认知

产业互联网的定义是什么？它有哪些显著特征？

产业互联网背后支撑的理论基础有哪些？产业互联网和其他供应链创新、消费互联网、工业互联网、电子商务等概念之间有哪些联系和区别？

产业互联网和企业数字化转型之间是什么样的关系？

产业互联网是如何通过产业价值链优化创造新的价值的？

产业互联网和区域经济发展是什么关系？如何以产业互联网推动区域产业集群的转型，实现存量优化和增量发展，并形成新的产业集聚？

产业互联网的价值该如何衡量？建设成本和市场估值如何测算？

本章将对这些问题一一进行解答，带您建立对产业互联网的全面认知。

◆ 2.1 产业互联网的定义与特征

2.1.1 产业互联网的定义

通过与各行业领先企业一起转型实践，并在实践中不断研究、创新和总结，

我们形成对产业互联网的定义。

产业互联网是数字时代各垂直产业的新型基础设施，由产业中的骨干企业牵头建设，以共享经济的方式提供给产业生态中广大的从业者使用。通过从整个产业链角度的资源整合和价值链优化，降低整个产业的运营成本，提高整个产业的运营质量与效率，并通过新的产业生态为客户创造更好的体验和社会价值。

以下我们从构成产业互联网定义的六个方面去逐一分析，以进一步理解和掌握什么是产业互联网。

1. 覆盖范围——垂直产业

互联网的本质是建立各个独立主体之间的连接。连接哪些主体是区别这一互联网的关键点。产业互联网是对于特定产业链上下游、产业相关角色之间的连接，最大的特点是只与本产业相关的主体进行连接，按照产业上下游的供应链关系、产业配套服务链关系，连接产业生态范围内具有相似性和关联性的经济组织。

2. 定位——新型基础设施

所谓基础设施，百度百科中的解释是"为社会生产和居民生活提供公共服务的物质工程设施"，其典型特征是共享，不需要重复建设。根据国家发改委对"新基建"的定义，产业互联网属于"以新发展理念为前提，以技术创新为驱动，以信息网络为基础，面向高质量发展的需要，打造产业的升级、融合、创新的基础设施体系"，即产业级的新型基础设施是"新基建"的一部分。

3. 发起者——产业的骨干企业

有能力发起、组建、创立一个产业互联网平台并为产业提供服务的骨干企业，通常需要具有两种能力：一是产业内的流量资源，二是产业服务能力。具备这两种能力的骨干企业往往是某产业的龙头企业、某产品领域的核心贸易企业、某业务领域的核心服务提供者等。一些区域特色产业集群的属地政府或者行业协会投资发起的企业因为具有独特的产业流量资源和社会影响力等，也有机会通过产业互联网来升级自身的产业服务模式。当然，作为发起者，除了上述的两项能力外，还要整合更多拥有资源、资金、产业经验和技术等的合作者一起参与。

4. 参与者——产业生态中广大的从业者

产业互联网平台需要发展和连接产业链相关的各类经济体作为参与者共同参与。产业生态内的全部角色，包括垂直产业的直接参与者、为产业提供服务的上游企业、向上延伸的供应商、接受产业服务的下游企业、最终用户，以及产业相关的政府监管机构、为产业提供金融等配套服务的各类产业生态的相关角色主体。

5. 行动与措施——资源整合和价值链优化

随着产业互联网在产业内的推广和持续渗透，能够逐步消除产业内各环节、主体的信息不对称，从而带来对产业资源配置与产业运作方式的整合与优化，如通过将分散的资源进行整合，实现集约化，通过将依靠信息不对称赚取差价的中间商消除来进行价值链优化等（详见2.5产业互联网中的价值链重构）。各产业主体原本承担的产业职能，因为信息充分对称，存在解构、重组、重构的可能性，推动产业角色在具有核心竞争力的领域的专业化发展，非核心领域服务公共化供给，为整个产业带来的优化、升级的机会。

6. 创造的价值——降低成本，提高质量效率，创造更好的体验和社会价值

不管产业互联网的概念多么时髦，互联网的新技术多么酷炫，其商业本质还是价值创造，即产业互联网的转型升级能够为整个产业带来成本降低和效率增加，或者产品和服务的质量改进与创新能为用户带来新的体验，最终为所有的产业互联网参与者带来更多的价值与收益。

2.1.2 产业互联网的功能特征

把个人之间的关系进行在线化连接，成就了伟大的微信。把产业内企业与企业之间的关系、企业与金融之间的关系在线化、闭环化、低成本、高效率、有收

益、大规模，成就了各垂直产业互联网平台企业。产业互联网不是设备数字化、工艺数字化、支付数字化等单一要素、单一领域的数字化，其特征有产业主体间交易在线化、产业级结算集中化、产业主体间服务闭环化、产业与金融融合化、核心企业信用普惠化、产业级标准规范化、大中小企业供应链协同化。

产业互联网平台通过搭建"产业级基础设施"进行连接和赋能（见图2-1）。BAT（B指百度，A指阿里巴巴，T指腾讯）、华为、中国移动、中国电信、中国联通等提供了互联网时代适用于各行各业的通用基础设施，即跨产业的、通用性的技术服务平台。而产业互联网则通过深入研究产业场景，为垂直产业内的从业者提供集成性云服务，聚焦垂直产业链特点，解决垂直产业的痛点，成为该垂直产业的产业级基础设施。

图 2-1　产业互联网是产业级的基础设施

随着产业互联网的不断发展成熟，在通用基础设施和产业级基础设施之间也会出现一些中间层产品和服务，提供各个垂直产业平台间可复制的模块组件以及可共享的服务和资源，比如可为各垂直产业互联网平台提供在线交易结算、在线供应链金融等标准产品模块，同时可统一对接海关、物流、金融机构等相关的数据和资源，进一步帮助产业上下游关联的不同产业平台进行数据打通和连接整合，形成更大的产业链闭环，从而为产业平台间的整合奠定基础。

2.1.3 产业互联网的技术特征

产业互联网的发展离不开各项互联网新技术的支撑，包括移动通信、物联网、云计算、大数据、人工智能、区块链等。

移动通信使用户与企业、用户与用户、企业与企业、企业与员工之间可以打破地域和时间限制，形成紧密的实时连接。其中5G技术的发展以更快的传输速度、超低时延功耗及海量连接开启了万物互联的新时代，形成产业链条中人与物、物与物连接的网络。

物联网（Internet of Things，简称 IOT）是指通过各种信息传感器、射频识别技术（Radio Frequency Identification，简称 RFID）、全球定位系统、红外感应器、激光扫描器等各种装置与技术，实时采集任何需要监控、连接、互动的物体或过程，采集其声、光、热、电、力学、化学、生物、位置等各种需要的信息，通过各类可能的网络接入，实现对物品和过程的智能化感知、识别和管理。在产业互联网的领域，物联网技术被广泛应用于生产、仓储和物流等领域，如可以实现从原材料的购买（生产种植等）、工厂加工、物流到销售环节的全过程追溯，从而监管产业链内的产品货物和流向。仓储和物流环节的货物追溯和监管体系能帮助实现货物的精准追踪、实时监控、状态监管，为供应链金融提供风险保障。

云计算通过按需取用、按需付费、集中管理，使得 IT 对于业务的支撑更具弹性，技术壁垒和整体 IT 成本降低，为产业互联网云平台的搭建提供了良好的基础。产业互联网基于线上统一的云平台，可以更好地为平台上各类用户提供服务。

大数据通过对产业互联网各环节、各要素的数据信息实时采集处理，将形成产业大数据，可为产业链上下游的交易和服务过程提供更智能化的分析预警和决策支持，促进产业链供需匹配和运营改善。

人工智能的研究包括机器人、语言识别、图像识别、自然语言处理和专家系统等。人工智能在产业链各环节的应用可以极大提高生产效率，改变分工格局。同时产业互联网平台的集约化和共享服务属性可以极大地降低人工智能新技术的应用成本，实现产业链上下游的技术普惠。

区块链技术（Blockchain Technology）从本质上讲，是一个共享数据库，对于存储于其中的数据或信息，区块链借助密码学、共识算法和分布式存储等技术，组合出一种新的数据共享方式，具有"不可伪造""全程留痕""可以追溯""公开透明""集体维护"等特征，降低了整个系统的信息不对称性，从而促成新的信任机制。区块链技术奠定了坚实的产业链上下游的"信任"基础，创造了可靠的"合作"机制，可用于建设产业互联网平台的基础底座。以区块链为技术基础的产业互联网平台在采集产业链数据过程中，能够保证平台上的各个节点在各类交易环节的信息安全性。在这样的技术架构上，类似电子发票、电子签章、电子合同、供应链金融、产品溯源防伪等平台服务都能够得到高效且强有力的保护和存档。借助区块链技术，可构建产业互联网体系内的应收账款等票据电子化，相当于在约定范围使用电子货币，借助平台的增信系统，实现可拆分，可无限次流转。同时，基于区块链溯源体系的、可以更加安全并实现供应链动态过程的全记录被广泛应用于产业互联网中农业食品的安全溯源、工业品的品牌溯源等场景。

案例：区块链质保书

某钢铁产业互联网平台基于区块链可拆分、不可篡改等特性，进行产品全程的质保书管理。在传统纸质钢材产成品质保书使用过程中，钢厂仅向一级经销商出具质保书，不能为下游多级经销商出具质保书；流通环节中，大量使用质保书复印件，存在复印件的篡改和伪造问题。通过该钢铁产业互联网平台，利用区块链对接钢厂的智慧制造系统和智慧物流系统，由钢厂将质保书相关的 ERP 销售数据、MES 生产数据与质量数据、物流系统发货数据汇集后，以自己的区块链身份上链。基于钢厂提供的第一手、真实、不可篡改的质保书数据，平台的质保书中心实现钢材产成品质保书的在线生成和分拆，可向下游多级经销商提供区块链质保书，满足钢材交易多级流转的实际情况，保障质保书和交付产品的一致性。

◆ 2.2　产业互联网的理论基础

在产业互联网的不断实践演进过程中，各类经典管理理论为产业互联网的发展提供了理论支撑，其代表有竞合理论、竞争边界理论、价值网理论、平台生态圈理论、和谐管理理论等。这些理论从不同视角为产业互联网的发展提供了指导思想，即产业互联网通过对产业链上的个体进行系统整合，形成新的价值创造网络和产业链治理机制，去竞争为合作、去封闭为连接，通过建立产业命运共同体，实现所有参与者多方共赢以及产业生态的良性治理。

2.2.1　竞合理论

竞合理论的代表人物是耶鲁大学管理学教授巴里·J. 纳莱巴夫（Barry J.Nalebuff）和哈佛大学商学院教授亚当·M. 布兰登勃格（Adam M.Brandenburger），他们在2000 年合著出版的《合作竞争》中指出：企业经营活动是一种特殊的博弈，是一种可以实现双赢的非零和博弈。企业的经营活动必须进行竞争，但也有合作，是一种合作竞争的新理念。"竞合理论"的目标是建立和保持与所有参与者的动态合作竞争关系，最终实现共赢局面。竞合理论提出了互补者的新概念，认为商业博弈的参与者除了包括竞争者、供应商、顾客外，还有互补者。要与顾客、供应商、雇员及其他人密切合作以创造价值，这是开发新市场和扩大原有市场的新途径。

竞合理论强调合作的重要性，有效克服了传统企业战略过分强调竞争的弊端，为企业战略管理理论研究注入了崭新的思想。竞合理论同时为产业互联网提供了很好的理论支撑：产业链中的企业通过产业互联网平台的连接协同，降低同行间的同质化恶性竞争，减少上下游之间的价格博弈，寻找互补者，如产业外的金融资源等，共同推动产业生态的升级进化。

2.2.2　竞争边界理论

竞争边界理论是由被誉为"竞争战略之父"的美国学者迈克尔E.波特（Michael E.Porter）提出来的。在2001年3月的《哈佛商业评论》上，波特发表了《战略与互联网》，认为互联网的出现实现了个体生产活动与外部供应商、渠道和客户之间跨地域的协调与整合，企业甚至可以对全球的供应链系统进行紧密整合。

在2014年《哈佛商业评论》上，波特发表的文章《迎接第三次IT浪潮》认为，信息技术为所有产品带来革命性巨变。原先单纯由机械和电子部件组成的产品，现在已进化为各种复杂的系统。硬件、传感器、数据存储装置、微处理器和软件，以多种多样的方式组成新产品。借助计算能力和装置迷你化技术的重大突破，这些智能互联产品使竞争的边界已经发生了重大改变，这将开启一个企业竞争的新时代。

波特认为，智能互联产品不但能重塑一个行业内部的竞争生态，更能扩展行业本身的范围。除了产品自身，扩展后的行业竞争边界将包含一系列相关产品，这些产品组合到一起能满足更广泛的潜在需求，单一产品的功能会通过相关产品得到优化。例如，将智能农业设备连接到一起，包括拖拉机、旋耕机和播种机，这些设备的整体性能就会提升。在农机设备业，行业边界从拖拉机制造扩展到农业设备优化，甚至不仅将农机设备互联，也连接了灌溉、土壤和施肥系统，公司可随时获取气候、作物价格和期货价格的相关信息，从而优化农业生产的整体效益。

那些高瞻远瞩的公司将进化为系统整合者，占据行业的统治地位。首先，行业进入壁垒的提高，加上早期积累数据带来的先发优势，很多行业将进入行业整合期。其次，在边界快速扩张的行业，行业整合的压力会更大。单一产品制造商很难与多产品公司抗衡，因为后者可以通过系统优化产品性能。最后，一些强大的新进入者会涌现，它们不受传统产品定义和竞争方式的限制，也没有高利润的传统产品需要保护，因此它们能发挥智能互联产品的全部潜力，创造更多价值。一些新进入者甚至将采用"无产品"战略，打造连接产品的系统将成为它们的核心优势，而非产品本身。

2.2.3　价值网理论

价值网的概念是由安德里安·J. 斯莱沃茨基（Adrian J. Slywotzky）在《利润区》（*The Profit Zone*）一书首次提出的。他指出，由于顾客的需求增加、国际互联网的冲击以及市场高度竞争，企业应改变事业设计，将传统的价值链转变为价值网。对价值网作进一步发展的是美国学者大卫·波维特，他在《价值网》（*Value Nets*）一书中指出，价值网的本质是在专业化分工的生产服务模式下，通过一定的价值传递机制，在相应的治理框架下，由处于价值链上不同阶段和相对固化的彼此具有某种专用资产的企业及相关利益体组合在一起，共同为顾客创造价值。产品或服务的价值是由每个价值网的成员创造并由价值网络整合而成的，每一个网络成员创造的价值都是最终价值不可分割的一部分。

价值网络的思想打破了传统价值链的线性思维和价值活动顺序分离的机械模式，围绕顾客价值重构原有价值链，使价值链各个环节以及各不同主体按照整体价值最优的原则相互衔接、融合以及动态互动。利益主体在关注自身价值的同时，更加关注价值网络上各节点的联系，力图冲破价值链各环节的壁垒，提高网络在主体之间相互作用及其对价值创造的推动作用。

首先价值网理论强调客户价值是核心，并把客户看作价值的共同创造者；其

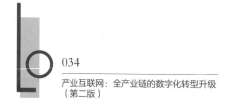

次，企业能够敏锐地发现客户群的需求信息，并把这些需求信息及时准确地反馈给生产厂商和供应商，使得价值网络里的每个参与者都能够贴近其客户，对市场状况及其变化迅速做出响应的企业将成为价值中枢；最后，数字化的关系网络是价值网实现的重要支撑。数字化的关系网络可以迅速地协调网络内的企业、客户及供应商的种种活动，并以最快的速度和最有效的方式来满足网络成员的需要和适应消费者的需要。

2.2.4 平台生态圈理论

对产业互联网发展另一个很有指导意义的理论是以陈威如教授和廖建文教授为代表提出的"平台生态圈"理论。

在陈威如教授的《平台战略——正在席卷全球的商业模式革命》一书中对平台战略进行了详细的论述："平台模式的精髓，在于打造一个完善的、成长潜能强大的生态圈。它拥有独树一帜的精密规则和机制系统，能有效激励多方群体之间互动，达成平台企业的愿景。平台生态圈里的一方群体，一旦因为需求增加而壮大，另一方群体的需求也会随之增长。如此一来，一个良性循环机制便建立了。"平台化能够改变生产关系，让生产关系从博弈到共赢。做平台的一个关键点是连接上下游之后，还能持续创造价值。发展平台最重要的不是推出一流的硬件设备，而是平衡相关方的利益关系，使平台各方参与者都能够从平台获利，建立共赢的产业生态圈。

平台经济的另一个重要内涵是"共享、赋能"。平台通过连接各方，将闲散的需求和资源进行整合，并通过平台共享，不仅让每个单体企业获得规模效应的红利，更极大地提升了资源的配置效率，这也是产业互联网创造价值的本质。

廖建文教授在《哈佛商业评论》中撰文《新竞争环境下的生态优势》，他指出新竞争环境下，企业或者个人有别于以往传统的竞争优势，需要充分关注生态优势。生态优势背后的假定不再是零和博弈，而是共赢，是把饼做大，形成共生、互生、再生的利益共同体。生态优势不追求"为我所有"，而是"为我所用"，生态圈核心企业有效地与外部发生连接。企业价值的创造不再是企业内部的活动，而是与外部伙伴——可以是上下游、互补品生产商，甚至是消费者和用户——共同创造。

2.2.5　和谐管理理论

和谐管理理论由西交利物浦大学执行校长席酉民教授在20世纪80年代运用系统工程的理论思想与方法论，结合中国的整体论和实践智慧，在解决大型工程运行中的内耗问题过程中创立，后来在应对不确定性环境中的复杂性问题等过程中不断得到发展。其核心理念是放弃了传统管理学追求设计和优化的单一科学逻辑，强调管理应围绕使命和核心目标，既重视通过制度、流程和结构等科学管理的设计优化理念，又重视组织中人本身的主观能动性及其演化对组织活动和绩效的影响，还要关注组织演化过程中二者的互动耦合。

面对环境日益增长的不确定性、模糊性、复杂性和快变性（UACC—Uncertainty, Ambiguity, Complexity and Changeability），席酉民教授提出了基于和谐管理理论的生态管理体系（见图2-2）。在数字化、智能化的高度互联世界里，

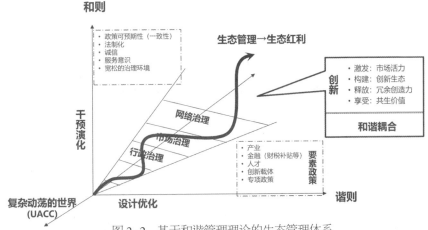

图2-2　基于和谐管理理论的生态管理体系

和谐管理的系统整体观、演化观有助于人们分层次、分阶段地认识事物，把握问题所在，其问题解决思路"基于主题导向下，和则、谐则进行耦合"（谐则是通过科学设计和优化来降低不确定性的规则和主张，例如制度、流程和架构建设等，谐则需要不断的设计和优化；和则是通过参与者能动性的诱导演化，以应对不确定性的规则和主张，包括激励机制、工作环境和文化的建设及创新生态的营造等）能够提供方向导引，促进不同利益主体形成共识，并形成协作型的问题解决共同体与方案，这提供了共生关系建立的前提，进而在和则、谐则耦合互动基础上形成多元主体的共生生态系统。

和谐管理不仅勾勒了共生生态系统的构建方式，还探讨了生态红利获取的途径：通过打破边界、融合、平衡、边缘创新等方式实现共享、共生等效应（如红利），并通过促进局部效应（红利）的扩散、反馈、指数型放大等实现生态系统的效应（红利）（用公式表达，即 $\delta eco = \delta 1 + \delta 2 + \delta 3$，其中，$\delta$ 是效应或红利，$\delta 1$ 是局部打破边界的共享红利，$\delta 2$ 是指多元共处、互动和创新产生的共生红利，$\delta 3$ 是因生态系统的相容性和扩展性而在系统层面涌现、传播的红利）。

和谐管理理论为产业互联网平台型组织的规划与演化发展，以及产业生态的价值评估提供了理论依据。我们将在 2.5 "产业互联网的价值公式"和 4.4 "产业互联网实施推进策略"中进一步阐释。

◆ 2.3 产业互联网和其他概念的联系与区别

2.3.1 产业互联网与供应链创新

产业互联网与供应链关系密切。从概念上讲，供应链是通过对信息流、物流、资金流的控制，从原材料开始，制成中间产品以及最终产品，最后由销售网络把产品送到消费者手中的过程，将供应商、制造商、分销商、零售商、物流服务商直到最终用户连成一个整体的功能网链。传统的供应链管理更关注的是一个企业内部的供应链，强调企业内研产供销的一体化协同。随着产业链的不断专业化分工，一个产品往往涉及成百上千个构成部件、在多个国家／地区和企业间形成分工合作的产业供应链。在产业链中，每一个企业都不能独善其身。随着不断分工对协同的要求越来越高，产业链供应链上下游必须配合、协同，才能完成最终产品的交付，因此，产业链供应链管理越来越重要，产业链上下游企业间的相互依存度也越来越高，从而形成产业命运共同体。由此可见，构建有竞争力的产业供应链体系是大势所趋。当市场竞争从过去的企业单打独斗发展到整个产业供应链的竞争，现代供应链管理更强调全局化，从站位、视野、范围上关注产业链上下游企业间的端到端供应链的优化；从理念上更强调资源整合、协同运作、利益共享。现代供应链的特征：一是个性化，供需匹配精准，满足下游客户越来越个性化的需求；二是柔捷化，即对需求侧的快速敏捷响应，这是竞争优势的体现；三是数字化成为基础设施，智慧化供应链建设成为必需。鉴于多地"断链"问题频发，现代供应链管理的重点也从过去仅强调成本与效率变成现在既要注重成本与效率，也要注重安全与稳定。

　　产业互联网的基础工作就是对产业链供应链的优化，围绕产业链供应链的效率提升、成本降低与安全稳定运行，通过各种互联网的新技术手段，构筑更加完善、更加广泛的产业服务体系。产业互联网强调打造产业级的共享服务基础设施，通过数字化的产业云平台，整合资源、共享资源和服务，从而实现生产方式（智能制造）、服务方式（共享服务）、价值创造（合作共赢）等多方面的转型发展。同时产业互联网还强调产业链整体的高质量发展，即从科技、金融、人才等全方面转型升级，推动产业链、创新链、人才链、资本链的融合创新，并构建新的产业治理体系和生态体系。

2.3.2　产业互联网与消费互联网

中国互联网产业蓬勃发展的前 20 多年主要集中在消费互联网领域，其间涌现出一大批世界级的巨头企业，比如腾讯、阿里、京东、美团、拼多多等。消费互联网是一个中心化的"流量为王"的超级入口，具有赢家通吃、行业集中度高、眼球经济、烧钱发展等特点。消费互联网的底层逻辑是流量变现，通常以互联网平台为中心，利用"眼球经济"如广告、IP、网络烧钱（免费甚至补贴）、事件营销等吸引用户（消费者）关注或进入平台，进入的人数（流量）越多，收益越大，平台越有价值。通过产品线上化减少交易流通环节，如总代理商、一级分销商、二级分销商，降低交易成本如线下门店、仓库等，以吸引更多的消费者；平台用户越多，流量越大，平台越有价值，最终形成垄断，形成赢家通吃的局面。消费互联网发展已逐步进入成熟阶段，并渗透到人们衣食住行等生活的方方面面。

产业互联网的服务对象是企业，主要是 B 端用户。产业互联网的服务形式主要是整合资源、制定规则、做平台服务。产业互联网的底层逻辑是链接赋能和价值创造，很多以消费互联网思维烧钱做流量的产业互联网平台都将难以为继。产业互联网通过对产业链供给侧进行资源整合和流程优化，去掉或减少产业链的不增值环节，推动产业链中介向增值服务商转化；能够促进产业链上企业间的分工协作，实现对产业链生产关系的改造优化；能够通过产业技术服务，对生产力进行赋能提升。产业链越复杂，服务越分散，通过建立产业互联网平台进行整合与优化所带来的价值提升空间也越大。产业互联网需要更加专业的行业积累和对产业的深刻洞察与业务理解，因此很难出现寡头垄断的局面，在每个垂直产业领域都有可能出现多个产业互联网的平台型企业。产业互联网与消费互联网的对比见表 2-1。

表 2-1　产业互联网与消费互联网的对比

序号	对比指标	产业互联网	消费互联网
1	服务对象	面向企业群体（ToB）	面向个体消费者（ToC）
2	服务场景	服务场景复杂，专业性要求高	服务场景相对简单，进入门槛低
3	商业逻辑	关注客户质量和服务价值	流量为王
4	营销模式	难以短期内实现爆发增长，更注重价值经营	通过营销活动，相对容易获取流量
5	价值创造	全价值链、产业链各环节降本提质增效	降低交易成本，提升交易效率
6	产业融合度	和产业端深度融合、促进实体产业流程变革	与实体产业融合度低
7	竞争格局	尚处于成长期，且由于场景复杂，专业性要求高，很难由少数几家平台完成	容易且已经出现相对垄断的格局

消费互联网的上游供应链服务，需要产业互联网的支持；产业互联网从 B 端用户到最终端的 C 端用户，需要依托消费互联网把服务于下游消费者的经验和需求高效传递到供给端，从而实现供需两端的高效匹配、协同发展。因此，二者不是割裂的，消费互联网和产业互联网最终将走向融合，实现从源头到终端的全产业链优化。目前，大部分产业互联网平台解决的依然是产业链局部的连接优化，而随着产业链连接的环节越多，其所能创造的价值也越大。未来十年，通过产业平台间的连接，通过产业互联网与消费互联网的携手升级，将真正实现的全产业链的互联化、数字化和智能化。

2.3.3 产业互联网与工业互联网

按照工业互联网产业联盟的定义，"工业互联网是新一代信息技术与工业系统全方位深度融合所形成的产业和应用生态，是工业智能化发展的关键综合信息基础设施"。工业互联网通过搭建支撑制造业数字化、网络化、智能化发展的集成化技术平台，帮助制造业实现智能化生产、网络化协同、个性化定制和服务化延伸。

1. 二者的区别

产业互联网是从产业链的视角来看，一条完整的产业链可能同时包含一二三产业的融合打通，而工业互联网主要针对工业/制造业；产业互联网强调通过"商业模式创新＋利益机制优化"进行整个产业链的优化重构和要素重组，实现产业链上下游大中小企业融合发展；而工业互联网则更多地关注制造企业本身的智能制造和生产过程控制水平的提升。

2. 二者的联系

对于制造业的转型升级，工业互联网是产业互联网的基础。行业骨干企业只有通过工业互联网的数字化、网络化、智能化改造，形成内部的核心能力，才有可能进一步实现平台能力开放化，升级为面向整个产业的赋能和共享服务平台。产业互联网是工业互联网的升维发展，即在工业互联网实现产品智能化、制造智能化、服务智能化的基础上，进一步从产业链视角进行商业模式创新，开展设备共享、产能共享、金融创新等，优化产业链资源配置和成本结构。

目前，涉及工业制造类服务的产业互联网平台，也在向制造企业内部的数字化服务延伸，工业互联网也在谋求从产业链的延伸服务中发掘机会和服务价值，部署服务能力。所以二者一定会朝着融合的方向发展。

2.3.4 产业互联网与电子商务

电子商务是指通过使用互联网等电子工具，以计算机网络为基础所进行的各种贸易活动，围绕商业活动中的买卖和交易环节，既包括 B2C（企业对消费者），也包括 B2B（企业对企业）。

在 B2C 中，线上交易平台所带来的便利性获得消费者的极大认可。然而，仅有线上交易平台，没有背后的供应链物流支撑也是难以为继的，因此阿里巴巴提出新零售的概念。所谓新零售，是一种强调企业以互联网为依托，通过运用大数据、人工智能等先进技术手段，对商品的生产、流通与销售过程进行升级改造，进而重塑业态结构与生态圈，并对线上服务、线下体验以及现代物流进行深度融合的零售新模式。可见，传统 B2C 也在向着线上线下融合、交易与供应链服务结合发展。

同样在 B2B 产业电商发展中，由于产业上下游都有相对稳定的供应商和客户，销售过程复杂，仅提供线上交易平台和撮合交易很难满足 B 端客户的要求，必须从整个产业供应链角度考虑其他增值服务，以形成足够的平台黏性和吸引力。汇聚各种服务要素，以及通过服务要素间有效组合，能为产业链提供有价值的赋能和服务，从而推动产业电商平台逐渐向产业互联网的综合服务平台升级。因此，产业互联网已经不再是单纯的 B2B 产业电商平台，而是从核心的交易服务到生产、流通、金融等衍生的生产服务环节的综合服务化升级，最终形成产业链集成服务体系。

目前许多电子商务平台，也在向上游产业基地延伸，从上游供应链的效率提升挖掘价值，也有一些电商平台在从自营转向平台服务，这是一种发展的趋势。

2.3.5　产业互联网与行业互联网

行业互联网是指按生产同类产品，或具有相同工艺过程，或提供同类劳动服务划分的经济活动的互联网化，比如各类行业协会网站、行业联盟平台等，对行业圈子具有共同属性的人和信息进行连接，侧重行业资讯和专业化发展。而产业互联网是由产业链上下游以及具有不同分工的利益相关者所组成的生态体系，比如一个农业产业互联网中可能包含农户 / 种植户、农资和农机提供商、加工商、贸易商、农科院所、金融机构甚至政府主管部门。尽管分属不同行业和领域，但是它们的经营对象和经营范围是围绕着共同的产品和服务需求满足而展开的，进而形成一个完整的产业生态圈。

◆ 2.4 从企业数字化到产业互联网

企业数字化转型有哪些发展方向，如何有序推进，产业互联网和企业数字化转型之间的关联关系是什么，围绕以上这些问题，AMT研究院基于各行业企业数字化转型实践，提出新时代企业高质量发展的"一体两翼"模型（见图2-3），强调数字化转型是一个由内到外的

图 2-3　企业高质量发展的"一体两翼"模型

能力构建过程，从企业内部的流程打通、IT集成和组织赋能等基本功的打造，到新形势下积极发展起来的"两翼"：一翼是企业智能化，另一翼是产业互联网。

2.4.1 以"一体"夯实高质量发展的基础

企业高质量发展的"一体两翼"模型，首先强调"一体"，也就是内部的强体。如果一家企业没有练好内功，就像在一个没有稳固地基的沙滩上建筑大厦，那么势必也是不够牢固的。内部的强体，强调的是"管理+IT"的融合，并不是把酷炫的大数据、云计算、人工智能、区块链等互联网新技术简单地应用到一个企业当中，一切问题就能够解决，而是要将技术和企业的战略、商业模式、组织机制和运营流程相结合，从而打造一体化的高效协同的运营管理体系，具体体现在以下三个方面。

第一个方面是流程打通，实现以客户为中心的企业级端到端业务高效协同。

流程就是通过跨多个不同部门和不同岗位的工作流转，为客户创造价值的过程。随着组织规模不断发展壮大，内部不断进行专业化分工和部门划分，导致部门墙越来越严重，从而出现了大量部门级流程。流程打通，就是回归以客户为中心的价值创造本质，通过从部门级流程到企业级的端到端流程再造，打破部门墙，把外部客户的需求准确地、无障碍地传递到各个部门，实现客户导向的内部业务运作高效协同。企业级流程建设有两个关键点：一个关键点是如何形成客户导向，以客户为中心，更好地了解客户，掌握客户的价值诉求，提升客户的体验；另一个关键点是在了解客户需求和期望后，企业内部如何通过流程进行过程组织协调，从而能够最快最好地实现客户价值目标。所以，对于流程建设，我们要首先眼光向外，全网、全渠道、全生命周期地去了解客户，研究客户，建立360度客户画像，并形成客户端的流程集成，进一步通过流程的衔接，形成客户导向的前后台紧密协同，将客户的需求实现、客户的体验期望通过企业级的端到端流程从前台到后台去分解落实。

第二个方面是IT集成，建立一体化的企业数字神经网络。

有很多企业在过去建设了财务系统、ERP系统、CRM系统，以及移动端的APP等，在不同的业务领域都开发了不同的应用系统。从当时来看是提升了局部的业务效率，但是从今天整体来看的话，这些系统之间流程上没有打通，数据上没有集成，形成了一个个的信息孤岛，造成企业的整体效率低下。因此，企业的信息化建设要从整体上进行规划，保证企业的整个流程到IT系统之间是一体化的，是打通的、集成的，并且基于IT系统的支撑，减少流程上不增值的冗余环节，实现流程的高效运行。

同时，很多企业在信息化建设的过程中重功能、轻数据，造成系统里的数据质量参差不齐，数据口径定义不一样，虽然有了一些数据积累，但是这些数据不

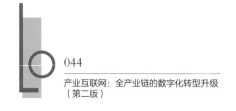
能有效支持企业的经营分析决策。所以在 IT 集成时也强调，对于系统中的数据定义和数据标准，应该从整个公司的角度梳理统一定义的、标准化的数据字典，这样对企业长期发展有用的大数据才能够随着业务流程的运转，在企业的 IT 系统里沉淀下来，并进一步通过数据分析和应用来推动流程的持续优化。

第三个方面是组织赋能，打造赋能的组织平台。

《重新定义公司》[1] 一书中提到："未来组织的功能不是管理和激励，而是赋能！"随着企业的发展，组织规模越来越大，成立了各种专业的职能部门和事业部，发展出集团化母子公司等。这时候要确保既能实现组织的规模化发展，又能保持面向市场的灵活响应，需要对组织架构和组织机制进行优化。集团型总部要从管控型向服务与赋能型转变，通过建立各类业务规则体系、共享服务体系和知识赋能平台，为一线业务单元进行赋能；而业务单元则需要通过划小核算单元、建立事业合伙人机制或内部创业机制等，建立公开透明的利益共享机制激发组织活力，并进一步连接产业链上下游更多的事业合伙人或者城市合伙人，实现组织的开放式创新和规模化扩张。

以上三个方面的基本功打造是企业转型产业互联网的平台赋能能力的积累。核心企业只有通过内部流程化和信息化来建立管理标准规范，形成数据积累，完成向数字化企业的转型，才有可能承担产业链赋能的角色。在产业互联网中，核心企业的优势领域的信息系统将成为产业互联网的中台赋能系统，产业链上下游的企业内部业务系统都将与产业互联网平台连接并进一步集成。

2.4.2 "两翼"之一：企业智能化

企业智能化包括产品智能化、生产智能化和服务化转型。通过产品智能化和

---

1 ［美］埃里克·施密特. 重新定义公司 [M]. 北京：中信出版社，2015：8.

生产智能化，实现客户、产品、设备、数据和服务的联网，在此基础上可以进一步进行企业的商业模式升级，实现从卖产品到提供更个性化、更具黏性的运营服务的转型升级。

1. 产品智能化

产品智能化主要应用于设备制造业，即通过物联网技术实现对产品的全生命周期使用状态数据的实时采集，以及对产品开、停、远程操作和远程升级等，实现全程可视、可控。在这个基础上，可以延伸出很多创新的商业模式。

案例一：某动力锂电池制造企业通过物联网传感器可以采集到锂电池全生命周期状态数据，基于大数据的分析应用，可以及时进行产品的批量整改和优化升级；为终端用户提供电池的故障预警和维修保养等个性化的增值服务，为整车厂提供更稳定的产品和更及时的维修承诺，进一步实现从卖产品到卖安全运行时间的运营模式升级；为维修加盟商提供开放化的众包服务平台，以及电池的回收和梯次利用服务等（见图2-4）。

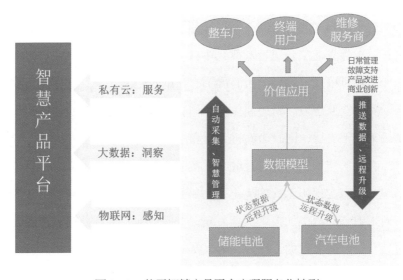

图2-4　基于智慧产品平台实现服务化转型

案例二：某机械设备制造企业基于产品智能化，建立覆盖产品全生命周期的"服务＋金融"体系，以融资租赁服务为基础的"一站式服务"的销售支持方案帮助客户解决购买大型机械设备时资金不足的问题，减轻客户一次购买设备的大笔资金投入，并进一步将业务拓展到分时租赁等设备共享服务和二手设备回收服务，形成覆盖全生命周期的服务生态系统。

案例三：某净水设备企业从过去的卖净水设备到提供净水服务，从一次性地卖设备收入转变为按照用水的流量和服务收费。因此，客户减少了一次性的设备购买成本以及定期更换滤芯的麻烦，净水设备企业获得了持续的客户黏性和稳定的现金收入。

2. 生产智能化

生产智能化适用于各行业领域，即充分考虑将物联网、大数据、人工智能等新技术应用于生产过程，对生产流程进行改造优化，从而提升生产效率，提升产品品质，并降低总成本（在智能制造的改造过程中要充分考虑一次性的设备投入加上持续的运维成本，在一定周期内具有明显的成本优势，否则将很难落地推行）。

我们从三个不同产业的案例来看一下，生产智能化的发展空间非常大。

案例一：福建省建宁县通过搭载北斗自动化检测系统的农机在水田上的打田作业，作业面积可以在云端自动实时展示，帮助农户和司机、合作社、乡镇土地管理所自动实时获取定位、轨迹和作业面积，为政府主管部门快速了解作业耕种情况提供政策决策支持，同时为农机共享和使用调度提供数据支持。

案例二：某服装加工企业通过缝纫设备的智能改造，可以实时了解每个工人的工作情况，从而实现用工管理优化，比如通过数据分析判断缝制工艺的质量标准情况，对不熟练的员工加强培训等。当多个服装加工厂都使用该智能设备联网后，通过后台统一的大数据云平台，可以实时了解每个加工厂的生产进展及产能利用情况，在此基础上就可以进一步进行原料集采和产能共享等业务拓展。

案例三：新华社通过知识智能化应用与采编流程结合，推出"机器人记者——快笔小新"，用机器人写体育、财经、灾害等规范化程度较高的稿件，能提高新闻发稿速度，也能解放记者、编辑的时间，进行更有创造性的工作。

3. 服务化转型

制造企业发展生产性服务业是其转型升级的有效途径之一。发展生产性服务业有两个方向：一是产品服务化转型（见图 2-5），企业不再满足于一次性的物质产品交易，而是以产品为载体，围绕产品使用全生命周期提供一系列增值服务，包括产品使用支持、维修、保养、能源管理、升级改造、回收再利用以及金融创新服务等；二是产业服务化转型，即将企业内部的生产性服务部门独立市场化运作，通过能力开放，面向全产业提供共享服务，实现从成本中心到利润中心的转变。

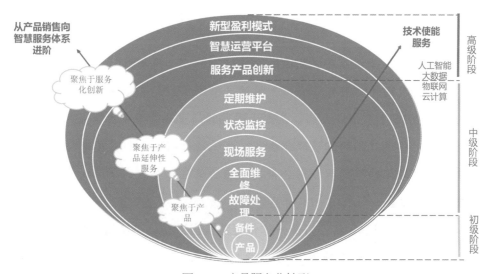

图 2-5 产品服务化转型

2.4.3 "两翼"之二：产业互联网

企业数字化转型是通过在企业内部研发、生产、销售各个环节的信息化和新技术应用，达到优化流程、提升效率、降低成本的目的。而产业互联网则是跳出

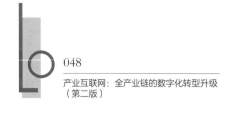
企业，从企业家到产业家，从企业内部的端到端流程打通到整个产业价值链的整合优化。从整个产业链的视角和格局思考产业链的痛点，进行产业价值链的优化和资源的整合，打造产业级共享服务平台，为产业链上下游提供集成共享服务，推动整个产业链的优化升级。

如果企业练好了内功，又在不断地加强产品制造服务各方面的信息化、数字化、智能化的转型和升级，那么这种能力就会比其他同行要强。这种能力能不能输出给产业中更多的中小企业？和它们发展一种竞合关系？一方面带动产业的升级，另一方面使得企业在原有传统业务之外发展出一种基于互联网新经济的增量业务，从而实现自身的裂变式增长，这时企业的使命已经不单单是提供单一的进入市场的产品和服务，而是要赋能整个产业的更高质量的发展，这就是产业互联网的途径。

案例：中国宝武数字化转型的"一体两翼"

中国宝武钢铁集团有限公司（简称"中国宝武"）是由原宝钢集团和武钢集团在2016年重组成立的，是国资委监管的重要骨干中央企业，是中国最大、现代化程度最高的钢铁联合企业。我们通过对前宝钢集团和中国宝武从信息化到数字化转型的历程来分析其背后的路径和要点，不管对于钢铁企业还是传统制造企业都具有一定借鉴意义。

一、2007—2015年，打造一体化经营管理系统，夯实管理信息化基础

宝钢集团以提升全球竞争力为核心，围绕规模扩张的主线，实现"精品＋规模"战略的转变，重点构建一体化经营管理系统，包括销售、财务、采购、人力资源、物流管控、工程项目、协同办公、知识管理与系统创新等子系统，建成适应公司战略扩张需求的可扩展的信息化平台，全面加强钢铁主业的一体化管理能力，对跨地域、多生产基地、超大规模、复杂业

务结构的集团化管理能力，以及通过兼并收购方式进行规模扩张和并购后的整合能力等。

宝钢集团在实践中认识到，各职能部门并不是简单地独立履行其职能，而是整个企业运行系统中相互协作的各环节，要实现全过程的信息资源共享和一体化业务协同。此外，要通过建立面向业务流的企业核心系统，准确识别客户需求，并把客户要求落实到每个产品和工序中。对于每个物料和每个工序，信息系统都能够实现计划编制、实施控制、实绩收集、检验确认等全过程实时动态的跟踪管理。

在客户管理方面，通过进行CRM的全面规划和实施，整合各地区公司、品种管理部以及生产技术部门的客户信息管理系统，建立以客户为中心的多组织集团模式的客户信息一体化管理体系；通过流程标准化和数据标准化，规范客户信息收集和客户服务活动，实现360度的客户信息管理，以全方位了解客户信息，识别客户价值，保证信息的一致和共享；在此基础上进一步进行基于客户价值评估的营销策略优化，提升营销体系业务协同能力和营销活动效率。

在知识共享方面，围绕炼铁——炼钢——热轧——冷轧的钢铁生产全过程，构建宝钢统一的技术共享平台，促进技术知识传承、积累、共享和复用，以实现不同制造单元、分子公司技术的共享，缩小各个制造单元、分子公司之间的技术差距，提升不同制造单元的技术水平，并为大规模并购整合中的技术推广与技术移植奠定基础，形成扎实的技术赋能平台。

二、2016 年以后，运用"一体两翼"战略，打造数字时代的竞争新优势

2016 年重组后的中国宝武集团顺应制造业服务转型和产业链竞争的发展趋势，提出以钢铁业为主体、以绿色精品智慧制造和钢铁生态圈平台化服务为"两翼"的"一体两翼"战略。

1. 宝武智慧制造 1.0 版

以"四个一律"为目标，在企业内大力推进智能制造技术，即操作室一律集中离开现场（实现了本质化的安全），设备运维检测一律远程，危险、重复、简单的操作岗位一律用机器人取代人工，服务环节一律上线，由此打造一种极致高效安全的智慧钢厂，实现人工智能对人的替代，进而推动公司的流程再造、管理变革等。

2. 宝武智慧制造 2.0 版

2020 年中国宝武大数据中心正式投入运营，同时宝武上海基地工厂旗下五个智慧制造项目获评"灯塔工厂"最佳实践案例，覆盖智慧计划、智慧生产、智慧设备管理、智慧质量管理和智慧物流五大模块，是当时唯一入选的中国企业。这也标志着中国宝武智慧制造正式进入 2.0 时代。中国宝武把"大力推进'三跨融合'，打造智慧制造 2.0"作为 "十四五"期间重点工作之一，智慧制造工作进入全面提升阶段。所谓"三跨融合"，是指按照集团公司数字化规划确定的架构和平台，在统一的工业互联网体系架构下，构建"跨产业"的互通融合，通过数字化转型，把宝武所有的产业集成起来，发挥出产业链的优势；推进"一总部多基地"的"跨空间"互通融合系统，实现专业化管理和原有区域化管理的协同，提高管理效率；通过"操检维调"的整合，实现"跨界面"的互通融合。

3. 钢铁生态圈平台化服务

除了在智慧制造领域的发力，助力中国宝武腾飞的另一翼就是打造欧冶云商产业互联网平台，将在钢铁产业多年积累的资源和能力进一步开放，打造面向钢铁产业链上下游服务的产业级共享服务平台，推动钢铁产业链的供给侧结构性改革。

◆ 2.5 产业互联网中的价值链重构

产业互联网的核心是产业价值链的重构，力图形成新的产业协同、资源配置和价值创造体系。价值创造是产业互联网应遵循的基本理念，它不是对存量价值的重新分配，而是通过互联网打破企业边界，对产业上下游的端到端流程价值链进行重构，实现对产业价值创造过程的优化；通过降低每一个环节的成本，提高每一个环节的效率，创造出新的价值，并进一步和所有参与者分享产业链整体转型升级带来的增值红利。下面，我们来看一下产业互联网是如何通过价值链重构来创造新价值的。

2.5.1 以客户价值为导向的产业价值链优化

产业价值链是一个产业级的端到端流程，我们通过引入流程优化的思路来对产业价值链进行优化分析。

首先是以最终客户需求（客户价值诉求）实现为目标，以需求来指导供给优化。产业互联网通过打通产业链上下游数据通道，可以将下游的需求实时的传递到产业链上游供给侧，避免了盲目生产，或者仅依靠局部经验数据判断所产生的供应链的"牛鞭效应"，进而最大可能地消除产业链各环节的过度生产和多余库存浪费，或者通过对需求端的数据分析，发现未被满足的新需求，从而推进供给侧的产品和服务的研发创新。产业互联网平台通过产业级的大数据积累，相关产业指数、产业供求信息的发布，以及产业供需的匹配等数据服务来帮助产业链实现这个优化过程。

其次是去除产业链上的不增值环节。在流程上所有不能够为客户创造价值的环节都应该被简化。随着产业互联网对传统产业链上下游的连接整合，我们可以从更广阔的产业价值链的视角来分析增值／不增值，从而对传统产业链进行基于数字化的优化重构。我们发现，随着产业互联网的发展，所有过去靠信息不对称赚取差价的产业链上的不增值环节都将逐步消失，所有的中间渠道都在慢慢扁平化。

再次是产业链的业务流程过程优化，比如通过对客户重新分类，更精准地提供产品和服务；通过串行改并行来提升产业链的响应速度；通过一些业务环节的智能化改造，提升生产效率；通过业务环节的专业化和技术升级，提升产品和服务的品质；通过将一些产业环节的整合，降低产业链的整体成本等。

最后是产业级的标准化建设，实现产业链上下游统一规范、统一接口，提升产业链运作的规范化，提升各环节效率，降低产业链交易、物流等环节的成本。（关于产业链流程优化相关方法工具的详细介绍，可以参考作者的另一本书《流程思维》。）

案例：生鲜产业互联网平台的价值链优化

传统的生鲜产业链是一个非常冗长的产业链条（见图 2-6），生鲜产品从原产地到达城市最后的消费终端（菜店、餐馆）需要经过收购加工商和产地

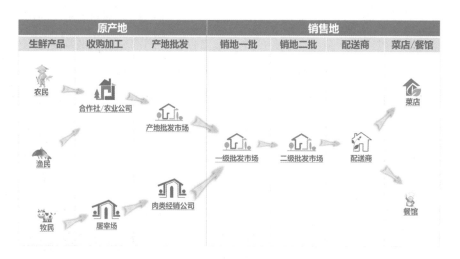

图 2-6 传统的生鲜产业链

批发商，再到销售地的一级批发市场、二级批发市场和配送商，这个过程经过了多级的货物流转，从而造成时间长，加上多次搬运分拣，造成产品的大量损耗。此外，每经过一个环节，价格都要上涨，造成终端的整体成本上升。每个环节都很辛苦，但利润很低；同时因为对下游需求不能准确把握，可能造成大量渠道库存积压和亏损。

　　从生鲜产业链最终的流程客户，也就是菜店／餐馆的视角来看，"尽快得到便宜、新鲜的生鲜产品"是其希望得到的价值，而现有的产业链条中，中间各级批发环节的输送、耽搁、存储都不是在实现这个价值。过去这些中间渠道的存在是因为产业链条信息不透明，没有供需对接的渠道。随着互联网技术的发展，某生鲜产业互联网平台通过对产业链的优化重构，形成了以下新的产业价值链流程（见图 2-7）。

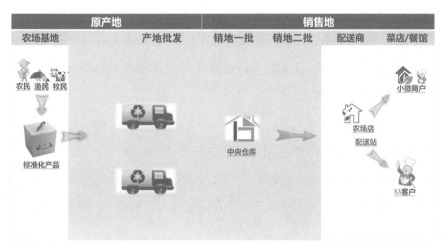

图 2-7　基于产业互联网平台优化后的生鲜产业链

　　基于产业互联网平台优化后的产业价值链流程，由终端客户（菜店／餐馆）在手机 APP 下单，平台汇总订单后直接对接农场基地采购，指导农场基地按需采摘加工发运；然后由物流运输到城市的中央仓库，再按照区域分拨到相应的农场店和配送站，实现最后环节的终端配送。按照分类管理原则，将客户分为小微商户（订单批量小）和 KA 客户（订单批量大），根据不同的需求特点，采取不同的配送和服务流程。

同时，将过去传统的农民 / 渔民 / 牧民的种植 / 养殖和收购加工环节进行了整合，从而形成了标准化的可在线交易的产品，如将蔬菜的加工包装前置到田间地头，通过加工，去掉根和泥这些客户不需要的非增值部分，变成500g/1 000g 等标准重量的净菜，既降低了物流成本，又减少了城市厨余垃圾，还能够降低整个产业链的成本。

通过上面的产业价值链流程优化，依托产业互联网平台进行生鲜供应链流程的整合重构，实现了从农场到餐桌的新鲜直达，整个产业链的成本和损耗也极大地降低了。产业链优化带来的增值可以在新的产业链各环节重新分配，使客户可以享受更低的价格，并使产业服务各环节获得更多的利润。过去靠赚取差价的中间渠道环节都被取消了，要想继续生存，这些中间渠道商必须转型，在新的产业链模式下寻找新的提供增值服务的机会，因为只有增值，才是被市场和客户所需要的！

2.5.2　产业链的专业化分工与集约化共享

产业互联网是从整个产业链的全局视角去思考和分析每一个价值创造环节如何通过分工或整合，最大化地提升效率和降低成本，创造新的价值。笔者认为可以从以下两方面来思考。

一方面，每一个价值创造环节重新分工，从而实现每一个环节的专业化发展。若要达到这个目标，就要通过让专业的人来做专业的事以提高效率，通过业务过程解构和重新组合以实现更精益化。如公路货运平台中的甩挂模式，将过去整体的货车设计改为牵引车头与挂箱的分离设计，实现司机运输和挂箱装载过程的分离。在这种甩挂运输模式下，牵引车头拉着挂箱在公路上行驶，到目的地直接卸下挂箱，并按照平台调度牵引已经装载完毕的另一挂箱直接驶离，避免了货车司机和货车的大量装卸等待时间，大大提升了公路货运的运输效率。

另一方面，将分散的资源进行整合，以实现更集约化的管理和共享。如对大量长尾客户的需求进行整合，从而提供集采、集仓、集运等供应链共享服务，通过统仓共配来实现降本增效。对于单个主体实施成本比较高的环节，要通过共享服务来分摊成本和共享收益，比如分时租赁业务。对于产业链上的技术研发，要通过产业互联网平台来投入或者购买，将其转变为共享服务并提供给平台上的大量用户，从而实现技术普惠。

案例：上药控股重塑医院供应链服务体系 [1]

为满足医疗机构在药品和医用耗材供应链管理方面的服务需求，解放专业药学、护理等临床核心人员在医药产品供应链方面的服务压力，上药控股打造了一套服务于医院院内药品及医用耗材的供应链服务体系（SPD—Supply，供应保障；Processing，库存管理；Distribution，定点配送），将医疗机构的药品及医用耗材进行集中采购，并通过 SPD 对医疗机构院内的药品和医用耗材的采购、领用、使用进行全流程管理。其供应链服务主要包括以下几个核心运作模式。

一、建设药品及医用耗材的供应链管理平台，与医疗机构专业化分工，"专业人做专业事"，极大降低医院采购和管理成本

大型三甲医疗机构日常管理的药品超过 2 000 个品规，医用耗材更是多达几万个品规，供应商数量从几十家到几百家不等，传统的药剂科和设备科

1　本案例节选自上海市供应链发展促进会发布的《上海市供应链创新优秀案例集（2021 版）》，作者葛新红担任该案例集编委会副主任）。

仅几个人通过手工账的方式进行管理，负责产品采购的同时，还要将医药产品下发到门诊、住院、静配中心以及几十个临床使用点，医疗产品缺货、错配、过期等现象时有发生，对临床使用产生了较大的影响。

SPD 通过供应链管理平台，将上百家供应商、几万个品规的医药产品进行统一管理，极大减弱了医疗机构采购人员的工作强度；同时，上药控股将自身库存延伸到医疗机构，并在医疗机构内建立分仓，减少医疗机构在医药产品备货方面的压力，并通过科学化的库存管理，极大降低医疗机构对于医药库区的使用面积。

二、以满足医院的临床需要为前提，将供应链服务延伸到临床消耗点，实行院内物流一体化服务，提升医疗机构服务效率

药品及医用耗材的院内的物流和供应保障涉及医药库区，门诊、住院、静配中心、手术室以及每一个病区的临床消耗点，每一个医疗单位都有自己的安全库存和管理要求，相关工作不仅占用了医护人员的大量精力，而且经常出现医药产品过期、数量差错等问题，从而容易引发医疗事故和医患矛盾。

上药控股将 SPD 延伸到每一个临床消耗点，通过 SPD 将医疗机构全院的医药物资供应链打通，根据每一个消耗点的临床使用习惯设置库存管理的上下警戒线，若低于警戒线，系统将自主产生补货订单，由临床管理人员复核后即可生成采购订单，极大提升了服务效率。同时，科学化、系统化的管理方式极大降低了产品出入库的差错率及产品的报损率。更为重要的是，临床医护人员能将更多的时间和精力投入对患者的诊疗。

三、通过智能化设备的引入，实现对医药产品供应链的全程、实时、智能化、集中化监管

SPD 全面采用智能化设备，在门诊药房、住院药房、手术室以及护士站等处分别投放了全自动发药机、包药机、医用耗材 RFID 智能柜，通过智能化设备进一步提升临床服务效率，同时结合信息化系统的库存管理，对医药产品全流程实现全程、实时、可追溯的集中化监管。

通过SPD的实施，在门诊用药使用方面，医疗机构的门诊药品在医生提供处方、患者付费后，可以自动对接门诊发药机，并由门诊发药机直接将药品配送到门诊药房窗口，由门诊药师审核后分发给患者；在住院医用耗材使用方面，手术室及各病区护士站通过权限管理的医用耗材RFID智能柜，直接取放所需耗材，由智能柜和系统自动计算领用数量和归还数量。与此同时，SPD会对发药机和智能柜中药品及耗材的库存实时监控，对于低于库存下限的产品及时产生补货订单，并通过B2B采购平台实现订单采购，从而实现了"产品采购——库存管理——二级库存——患者使用"的闭环管理。在特殊情况下，如药品耗材质量召回等，SPD可以将全院库存实时锁定，并及时溯源问题产品流向，最大限度地避免医疗事故的发生，保证医药产品的供应链安全。SPD使医疗机构在药品和医用耗材管理从库房到病区消耗点实现全面精益化和效率提升（见图2-8和图2-9）。

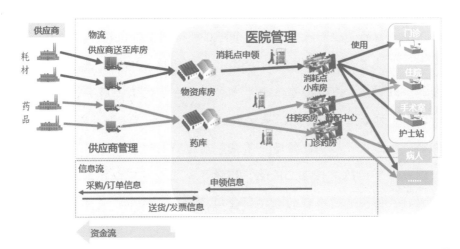

图2-8　原有医疗机构药品及医用耗材供应链流程图

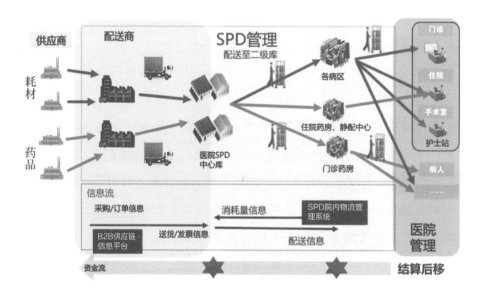

图 2-9　SPD 医疗机构药品及医用耗材供应链流程图

以上案例，上药控股通过打造医药产业互联网平台，上游对接大量药品及医用耗材供应商，下游对接医疗机构，将医药企业到医院的供应链服务体系进行数字化的连接和打通，实现对药品及医用耗材产业链从采购到领用，再到使用全流程的管理和服务，使整个产业链得到了价值提升。

首先，促进了产业链的专业化分工。通过构建 SPD，促进了医院内的专业化分工，让医生／药师更专注于为患者提供医疗的专业服务，而将供应链相关的服务由更专业的服务团队来完成，实现各自的专业化发展。

其次，全面提升了供应链服务质量。通过"打通最后一米"，供应链服务延伸到每一个医药消耗点，医生、药师等专业人员可以按需领用，按使用结算。同时，医院通过全程的数字化管理减少了出错率，通过全程溯源管理提升了供应链的安全性。

最后，整个供应链实现了极大的降本增效。SPD 将分散的采购进行集中管理，解放了更多的人力和物力。依托于智能化设备，整个供应链实现了全程可视和实时响应，整个供应链的响应效率极大地提升。拉式的数字化供应链管理，降低了各环节的库存储备和管理人员成本，从而极大地降低了整个供应链的成本。这就是产业价值链优化所带来的巨大价值。

◆ 2.6 以产业互联网实现新的产业集聚

如果说区域经济发展是宏观层面，企业发展是微观层面，那么产业链发展就是衔接宏观和微观的中观层面。通过产业互联网平台，一方面连接赋能区域产业链上下游企业和产业配套服务企业实现整体转型升级；另一方面，以产业互联网的增值共享服务吸引更多外部企业入驻线上平台和线下产业园区，形成新的产业集聚，推进区域产业集群化发展。目前各区域政府都在加强围绕重点/主导产业链的"补链、延链、强链"，开展产业链招商工作，以加快建设全产业链，提升产业链整体竞争力。以产业互联网打造产业公共服务平台/产业创新服务综合体，推动区域产业集群实现存量优化和增量发展，成为当前区域经济发展的主要方向。

2.6.1 产业互联网之虚拟木桶理论

木桶理论指出："一只水桶能装多少水取决于它最短的那块木板。一只木桶盛满水，必须每块木板都一样平齐且无破损。如果这只桶的木板中有一块不齐或者某块木板下面有破洞，这只桶就无法盛满水。"对于我国大量中小微企业来说，面临一个共同问题，即构成组织的研发、采购、生产、营销、储运等各个部分往往是优劣不齐的，而劣势部分往往决定了整个组织的产出水平。为了帮助这些中小微企业及时补上短板，实现进一步发展，我们提出产业互联网平台的虚拟木桶理论。

产业互联网平台的虚拟木桶理论是指每一家中小微企业发展过程中，都拥有一些结构性木板，这些木板参差不齐。产业互联网平台通过搭建虚拟的木桶，赋能产业中小微企业，平台自身提供一个托底的支撑作用，平台上的各个模块提供结构性木板（基础类共享服务）的补齐与功能性桶箍（增强类共享服务）的加固。中小企业连接到产业互联网平台后，便可借由平台提供的基础类共享服务来补齐短板，借由增强类共享服务来提高木桶承载度（见图2-10）。其中，根据波特的价值链分类，研发设计、原料采购、生产加工、物流仓储、市场营销等为桶身类基础环节，品牌建设、知识产权、管理创新、检验检测、人才发展等为桶箍类增强环节。

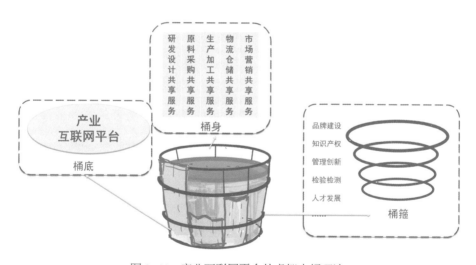

图2-10　产业互联网平台的虚拟木桶理论

产业互联网平台基于产业现状，按需整合相关服务资源，把产业链上所有的长板集聚起来，让大家互为长板，互补短板，集中精力做强自己的长板，从而使中小微企业得以专业化发展和协作式分工，建设产业集群社会化分工模式，以突破持续发展的瓶颈。这些平台通过虚拟木桶的增值服务，将以市场化的机制，吸引产业链上下游中小微企业向平台靠拢，形成线上的交易连接和线下的产业集聚。

2.6.2　打造产业级的交易结算入口

产业互联网平台的支撑体系是"云、网、端"组成的线上与线下基础设施（见图 2-11）。"云"是产业级的数字化平台，通过 Web 网站或者 APP，形成统一的服务入口，为企业提供打破时间、空间限制的各种服务与资源的协调和调度，又能形成统一的交易结算入口，成为产业级的交易中心、结算中心和产业大数据中心。"网"是汇聚各类线上线下资源的产业互联网共享服务，比如仓储服务、物流服务、技术服务、金融服务、人才培训、数据服务等，实现服务供给的集约化。"端"是各线下实体产业园区，通过提供产业链配套生产性服务，吸引产业链上下游企业资源集聚的新型产业园区。

产业互联网平台由一个区域内围绕特色产业的"一云一城"起步，探索出政府、平台、中小微企业、专业服务机构等多方共赢的商业模式，形成产业闭环后，逐步打破地域限制，扩大规模，辐射全国乃至全球各个区域内产业资源，使各个

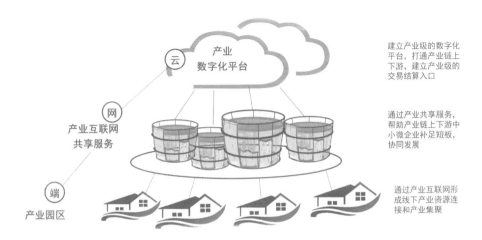

图 2-11　产业互联网的"云、网、端"

区域的中小微企业能够加入平台，享受共享服务，并由平台统一调配各个区域的生产能力，进而将各地区的产业园区也逐步纳入产业互联网平台的网络中，作为多个线下共享服务城（端），逐渐演变为产业的"一云多城"格局，形成影响全国/全球的产业辐射力，实现 7×24 小时不打烊的生意运转。新型产业互联网平台作为该产业的虚拟总部，带动产业发展。

这是一个产业互联网的"跑马圈地"时代。对于每个区域产业集群的决策者来说，是否要产业互联网转型是一个"得链"和"失链"的选择。通过建立产业互联网平台，区域产业集群的连接、整合可以进一步扩展到其他区域的产业资源连接。比如山东蓬莱市启动苹果产业互联网平台建设，提出要打造立足蓬莱、辐射全国的苹果产业综合服务生态圈，把蓬莱建成全国苹果的产业中心、数据中心和交易中心。

各区域围绕重点产业集群发展产业互联网，将带来以下价值（见图 2-12）。

首先是对当地政府和产业互联网平台企业所在的产业园区。产业互联网作为

图 2-12　区域产业集群产业互联网对各方的价值

产业级的交易结算入口，将带来产业级的税收集聚。产业互联网平台企业注册在哪里，相应的税收就缴纳到哪里，这也成为各区域政府和产业园区发展产业互联网平台的主要动力之一。产业互联网是典型的数字化新经济，不仅带动当地传统产业的转型升级，同时带来新经济的 GDP 增长。通过产业互联网平台来构建产业大数据中心，形成动态的产业链图谱和产业大脑，为产业链监管和政策宏观调控提供决策支持，帮助政府实现产业扶持政策的精准落实。此外，围绕区域特色产业集群和重点产业链打造产业互联网平台，将不断加强该产业的品牌和核心能力，并吸引更多的产业人才和产业企业集聚，从而打造产业高地。

其次是对于平台运营主体。区域产业集群的产业互联网平台往往由当地国投或者城投公司代表政府投资，同时吸引集群中的产业骨干企业、行业协会及服务商等作为共建方，共同打造百亿规模的新经济独角兽，孵化科创板上市公司；通过平台不断形成产业级的大数据积累，并通过产业数据资产的运营不断推动产业发展，创造新的价值。

再次是针对产业链中的加工商、贸易商、批发商、经纪人等中间服务和流通环节，通过共享仓储、物流等实现供应链环节的降本增效；通过供应链金融解决传统贸易流通环节的资金周转等问题；通过行业标准和高附加值产品研发，提升产业链环节的利润率；通过产业链整体的降本、增效、提质，参与者都获得相应的收益分享和生态红利。

最后是针对产业链上的生产企业、种养殖企业、生产基地等基础产业环节。通过产业互联网平台引入新的技术和产品研发；通过平台的共享服务实现技术普惠；通过统一的品牌建设和营销（如直播基地建设等）提升获客能力；通过产业互联网平台的信用体系和风控体系建设，为平台上的企业提供普惠金融服务；通过标准化、规范化和产业化发展以及产业创新人才的培养，推动产业的高端化发展。

2.6.3　产业链招商与产业园区发展

近年来，为支持区域产业发展，各地建立了很多产业园区，但是大部分产业园区沦为一个地产项目，即使有很多企业入驻，也难以实现对产业转型发展的推动作用。这些产业园区普遍存在以下问题。

1. 产业集聚度不够

园区产业集聚不明显，因盲目追求产值、税收，未充分进行市场调研，缺乏科学合理的前期规划，导致园区企业间产业关联度低，难以形成上下游联动发展格局，不利于构建完整的产业链，也不利于形成产业集聚效应。

2. 园区发展空间受限

在一些经济较发达地区，可供开发的商务空间扩展有限，新增载体成本较高，不利于培育新兴产业集聚。同时，由于种种原因，产业布局不尽合理，调整难度较大。

3. 产业配套服务体系不健全

传统园区服务大多关注在房租、物业、公司注册和税收等基础服务，缺乏产业发展所需的生产性服务配套，从而对企业经营支撑力度不足，难以形成招商吸引力。

同时，很多地方政府在招商引资上，更喜欢"招大引强"。这样虽然可以带来大规模的税源，又在政绩上亮眼，但是这种方式成本高，成功率低。一方面，优质企业有很强的议价能力，面临全国众多的类似地区，它们可以自由选择。如果要招大引强的话，势必要提高土地、税收等一系列优惠政策，加重地方财政的负担。另一方面，如果一个地方没有产业基础，新企业进来之后会面临很多意想不到的困难，出现"水土不服"，很容易失败。[1]

近几年，产业链供应链受到了巨大的冲击。从国家战略层面提出"加强产

1　张晓波.中国产业集群特色与共同富裕［J］.产业新生态，2022（2）.

业链供应链韧性和安全水平"，已经有越来越多的地方政府意识到产业集群化发展的重要性。由于集群内的企业上下游在同一个区域，能够更好地规避"断链"的风险，提升复工复产率，从而提升了产业链抵御风险的能力，使产业链供应链更具有韧性。在各地的产业链链长制和重点产业发展规划的推进落实下，一些领先地区的政府开始对原有产业园区进行调整重组，以逐渐形成主导产业鲜明的产业集群，并推动招商引资从"招大招强"向"产业链招商"转变。全要素招商更加明显，依托于土地和税收优惠等政策要素的项目型招商已然过时，企业更愿意选择产业、人才、技术、资本、数据等全要素综合突出的地方安营扎寨，长久发展。

目前各地产业园区不断尝试转型发展的新模式。其中通过规划厘清产业定位，充分考虑产业互联网与实体产业园区发展的结合，聚焦产业链生态圈的线上和线下融合发展，是提升产业能级和园区管理水平的一条看得见、可落地的道路。在实体园区方面，根据产业园区的特点进行产业集群重组，合理整合纵向的供应链以及调整横向的产业差异化关系，尽可能利用好有限的土地资源，实现产业园区的精准招商。此外，通过开放共享的产业链综合服务平台建设虚拟园区，进一步突破物理空间的限制，赋能辖区企业乃至产业链上下游企业，使所有连接上平台的企业都在虚拟园区的管理和服务范围之内。

产业链综合服务平台是虚拟园区的核心。通过产业链综合服务平台，实现服务共享、数据共通，更大限度地发挥对产业的促进作用。通过为区域内产业链企业纾困和赋能，实现存量资源集聚化发展；通过综合服务和优惠政策吸引外埠企业入驻园区，实现增量发展。部分政府扶持政策通过产业链综合服务平台精准落实，推动产业链企业以园区为载体快速集聚；引导入驻线下园区的企业同步入驻线上平台，为入驻企业切实创造价值。产业链综合服务平台将打通信息流、商流、资金流、物流、技术流、人才流，实现"六流合一"，形成政务在线、产业在线、

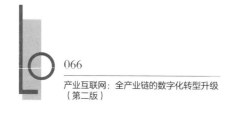

金融在线的"三位一体"在线服务体系（见图2-13），从而推动区域平台经济、现代服务业的发展。

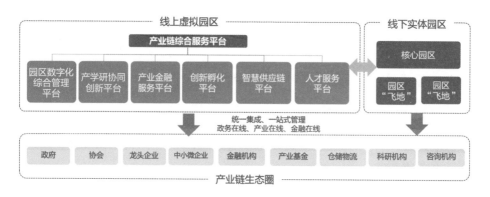

图 2-13　线上虚拟园区、线下实体园区与产业链综合服务平台模式

依托于统一的产业链综合服务平台，在线下实体园区的发展上，也可以考虑以园区"飞地"模式突破核心园区空间载体的局限，即在产业链生产要素优势互补的两个地区，打破行政区划限制，围绕统一的产业发展布局规划，进行跨地区的产业园区开发共建，实现产业链资源互补、互利共赢和协调发展。

通过以上转型发展，产业园区的开发运营模式将由过去的圈地建园招商转变为依靠产业链的需求来吸纳配套企业的产业链招商；产业园区的管理模式将由传统的管理手段转变为基于大数据的智慧分析、智能监管的数字化公共服务平台；产业园区的服务模式将由基础服务转变为各类产业综合服务，帮入驻企业解决实际难题；产业园区将以构建全产业链生态为目标，从产业链强链、补链为切入点开展精准招商和服务运营，提升区域产业链的竞争力。

案例：邳州炒货的产业生态圈建设

"一把铲子一口锅，瓜子炒遍全中国。"江苏邳州是全国著名的"炒货之乡"，迄今已有40余年的发展历史。据邳州市工商联不完全统计，邳州炒货从业人员达10余万，在全国开有4万余家零售店，产值近400亿，年销售额占全国坚果炒货行业销售额的15%。

随着产业发展，邳州炒货"散""小""弱"的不足日益凸显，以下两个问题严重阻碍了产业的进一步发展。

第一，两头在外。邳州非原材料主产地，门店遍布全国各地；商业模式以外采外销为主，加工、仓储、物流等配套措施有待完善。

第二，两头被动。品牌不统一，客户端的溢价能力不足；采购较分散，采购端议价能力不足。

如何形成产业合力，实现邳州炒货产业的做大做强，在邳州市政府的战略布局下，由邳州经开集团成立了全资子公司——江苏瓜娃子科技有限公司，致力于打造以邳州炒货数字化平台为中心的产业互联网平台，通过对"原料种植——原料贸易——炒货加工——炒货批发——炒货商户——消费者"全产业链的数据流、资金流、货物流的整合，为产业链上下游从业者提供全方位、一站式的共享服务赋能，合作共建开放的邳州炒货生态圈（见图2-14）。

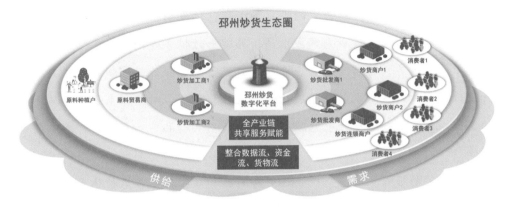

图2-14　邳州炒货生态圈

1. 打造区域公共品牌，实现私域流量积累

统一品牌打造。通过大力推广和发展"邳州炒货"品牌连锁店，打造邳州炒货区域公用品牌。从"挑担小卖"到全国连锁，以品牌为基础整合上下游，通过产业标准化、规模化、品牌化，不断提升邳州炒货的知名度。

私域运营服务。邳州炒货拥有4万余家门店，每家门店服务两三千位消费者，拥有巨大的流量资源。为了有效整合邳州炒货的门店流量资源，提升门店的数字化运营能力，瓜娃子打造了"邳州优选商铺"的商城平台，帮助各门店实现数字化运营和私域流量积累。同时，通过实时动态采集消费数据，进一步指导上游的供需匹配。

2. 产业供应链整合优化，提质降本增效

拓宽供应渠道。在原料供应端，通过在国内与海外同时进行渠道布局，对坚果原料进行全球寻源，在原料产地进行直采，打造全球原料供应链；与重要的炒货原料产地建立战略合作关系，包括非洲的坚果种植园、中国新疆与内蒙古地区的花生和瓜子等炒货种植基地、中国东北与成都地区的鲜果种植基地等。业务扩展到进口开心果、进口腰果、花生、葵花籽、葡萄干、玉米、大豆、包装食品等相关炒货品种，拓宽邳州炒货的产品品类。

集采降本。炒货产业链中的炒货加工商、批发商往往规模较小，缺乏较强的议价能力，由此造成采购成本高、品牌一致性差等问题。瓜娃子通过提供集中采购服务，为邳州炒货企业与商户进行全面赋能，实现集采降本、提升议价能力。以最基本的包装袋为例，设计、印刷等对店家来说是一笔不小的支出，每家店一年消耗包装袋逾万个，使用共有品牌和集采后，成本显著下降。

普惠金融服务。通过全产业链交易闭环和数字化平台风控体系，为产业链上从业者提供先期铺货、延期付款等供应链金融服务，解决炒货加工商、

炒货批发商和零售商户的资金瓶颈问题。

3.线下园区／基地打造，实现产业集聚

产业园区建设。在邳州同步建设炒货产业园区和电商园区两个专业园区，吸引当地产业集聚，因地制宜构建产业集群，逐步将"两头在外"扭转成"由外到内、核心在我"的现代产业格局。

种植基地培育。以炒货为纽带，以需求侧拉动，带动邳州北部燕子埠镇的黑花生、邳州西部八义集镇的瓜蒌、邳州南部新河镇的碧根果、炮车街道的板栗等特色农产品种植基地的蓬勃发展。

全国仓储布局。在全国打造山东朗源、江苏邳州、吉林松子基地等五大坚果鲜果加工生产基地，在全国六大片区设置监管仓，实现邳州炒货产业的全产业链布局。

该产业互联网平台通过全产业链的数字化连接与整合，打造产业级的交易结算入口，实现新的产业集聚；通过从品牌运营到供应链服务的全产业链整合优化和共享服务，深度赋能服务炒货全产业链，实现规模效应和品牌效应，打造规模化的现代产业集群。

◆ 2.7 产业互联网的三大公式

如何用简洁的方式来表达和衡量产业互联网的价值和发展的规律？为此，我们总结出产业互联网的三大公式——产业互联网的价值公式、产业互联网的建设成本公式、产业互联网的估值公式，下面我们一一开展介绍。

2.7.1 产业互联网的价值公式

在2.1节产业互联网的定义中，对其价值的描述是：产业互联网通过从整个

产业链角度做资源整合和价值链的优化，降低整个产业的运营成本，提高整个产业的运营质量与效率，并通过新的产业生态为客户创造更好的体验和社会价值。

那到底如何来测量产业互联网创造的这种巨大的价值呢？我们依据席西民教授的和谐管理理论，与西交利物浦大学和谐管理研究中心一起进行了方面的研究，形成了产业互联网的价值公式（见图2-15）。

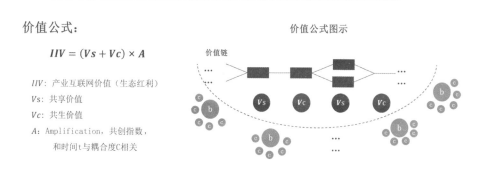

图2-15　产业互联网的价值公式

产业互联网的价值是这个产业上所发掘出来的共享价值，加上共生价值，再一起乘以共创指数。这个公式中有三个"共"："共享""共生""共创"。

"共享价值"是指单体可进行的经济活动在未开放共享时成本较高，但当单边主动在价值链条节点进行资产共享、资源共享时，就可以实现成本分摊。比如农业产业链上的农机共享，单一农户购买成本很高，且大量时间闲置导致投入产出比低，这时采用共享模式对所有参与者来说都显著降低了成本。此外，通过平台建设共用的基础设施，如一些产业互联网平台提供集中采购、集中物流、共享仓库、统一检测等服务，以及构建产业级的 IT 基础设施平台，避免了重复建设，同时还可以产生规模效益，降低成本。

"共生价值"是指单体难以孤立开展的经济活动，这就需要产业内或跨产业多边主体互动（多边共生），产生新价值。比如金融机构和产业互联网平台共同为平台上的中小微企业提供供应链金融服务，金融机构需要依赖平台的产业大数据与信用体系以及真实交易与流程闭环来实现风控，产业互联网平台需要依靠金融机构来提供供应链金融的资金支持，从而吸引更多的产业链中小微企业和平台连接，提升平台的交易量和数据资产的积累，所以金融机构和产业互联网平台就是一种共生关系，双方协作从而产生额外聚合效益。

最后是"共创指数"。不管是共享价值还是共生价值，如果新的价值只在一个地方一次性发生，产业互联的效应就不能显现出来，因此要把这些价值加起来之后乘以共创指数。共创指数与时间和耦合度相关，若要实现指数型增长效益，就需要随着时间推移，在价值链上不断连接更多的 B 端用户，在 B 端上连接更多的 C 端用户。连接的 B 端用户和 C 端用户越多，产生的共享、共生价值就越大。在共创的过程中通过耦合互动，平台参与者共同制定规则，参与者越多，规则在产业的影响力越大，平台价值越显性化，从而得以被更多用户分享。

2.7.2 产业互联网的建设成本公式

很多企业在推进产业互联网时容易进入一个误区：将产业互联网视为一个 IT 项目，由 IT 技术来主导，而不是用产业增值服务的思路来主导，这样导致的结果是，按 IT 功能模块来采购或者开发平台，投入了数千万建设的平台却没有人愿意用，产生不了在线业务和交易量。

我们总结大量产业互联网成功的实践，以务实和落地的原则梳理出产业互联网的建设成本公式（见图 2-16），这个公式不是各类 IT 功能软件的开发 / 采购成本之和，而是按照运营迭代的思路来推进一个个的 MVP（Minimum Viable Product, 最小可行产品）。MVP 也称为产业互联网的最小闭环，即能够解决产业

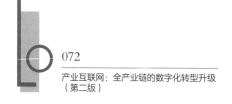
链上下游客户痛点的一种最容易切入的、有价值的服务。这种有价值的服务吸引客户将线下业务连接到线上平台。当第一个 MVP 运营推广，形成一定客户流量数据积累之后，再结合客户需求，识别推进下一个 MVP，形成更强的客户黏性。而在这一个个 MVP 实现的过程中，平台由于创造价值，得以分享价值，实现一个可盈利的持续发展。

> 产业互联网的建设成本 = 产业链MVP识别筛选的成本 + MVP的个数 ×（MVP详细设计成本 + MVP 平台功能定制成本 + MVP持续运营成本）

成本公式：$IICC = C_i + N \times (C_d + C_f + C_o)$

$IICC$: Construction cost，产业互联网的建设成本

C_i: Screening and identifying cost，产业链MVP识别筛选的成本

N: MVP number，MVP的个数

C_d: MVP详细设计成本

C_f: Customerization，MVP平台功能定制成本

C_o: MVP持续运营成本

图 2-16　产业互联网的建设成本公式

公式中，"产业链 MVP 识别筛选的成本"就是在启动产业互联网平台建设时需要集众智来进行平台发展路径规划的成本；"MVP 详细设计成本 + MVP 平台功能定制成本 + MVP 持续运营成本"则是每一个 MVP 都需要进一步细化到具体运行的流程规则、落地到相应的 IT 系统功能，以及需要持续的运营推广所产生的成本。这个总成本远远小于一次性投入建一个 IT 平台的成本，并能一步步看到实实在在的收益。

2.7.3　产业互联网的估值公式

目前很多产业互联网的平台企业都获得了数千万或上亿元的融资。为什么它

们能获得比较高的估值？产业互联网平台的估值由什么来决定呢？我们总结出产业互联网的估值公式（见图2-17）。

产业互联网估值={可在线的产业资源，可闭环的产业服务，可持续的产业运营}

估值公式：$f(IVAA) = \{R，S，O\}$

IIVA: 产业互联网估值 Value Assessment

R : 可在线的产业资源 Resources

S : 可闭环的产业服务 Services

O : 可持续的产业运营 Operations

图 2-17　产业互联网的估值公式

衡量一个产业互联网平台的估值主要看三个因素。

第一，可在线的产业资源。产业互联网强调全产业链的资源连接和整合，例如：通过平台连接了多少产业上下游的客户；连接了多少工厂和设备，可以实现产能共享；连接了多少仓储资源和物流资源，可以保障供应链的及时交付；连接了多少金融和专业服务资源等。

第二，可闭环的产业服务。产业互联网是一个产业级的集成服务平台，平台为客户带来显著收益的增值服务越多，客户就越有黏性，平台也越有竞争力。平台的发展可以不断衍生出新的服务，同时各项服务间能够产生较好的协同效应。

第三，可持续的产业运营。产业互联网若要保持长久的生命力，就要靠持续的运营，具体反映在：通过运营服务能够持续获得流水式的收入，客户数量和客

户黏性持续增长等；通过精益化运营，不但帮助客户显著提升效率和降低成本，也能够令平台获得较高的毛利。

本章小结

本章首先从产业互联网的定义与特征、产业互联网的理论基础、产业互联网与其他概念的联系与区别等方面对产业互联网的内涵进行全面的解读；其次通过"一体两翼"模型，说明企业数字化和产业互联网之间的递进关系和关联依赖关系；再次，从产业互联网的价值创造角度，剖析产业互联网如何通过产业价值链的优化创造新价值，以及如何实现区域产业的集群化和高端化发展；最后，用三个简洁的公式对产业互联网的价值创造、建设要点和估值计算进行总结。

产业互联网既是依托于互联网新技术的产业级的新型基础设施，又是数字经济时代下新的价值创造网络，通过产业价值链重构优化和产业治理机制创新形成新的产业生态。竞合理论、竞争边界理论、价值网理论、平台生态圈理论、和谐管理理论等经典管理理论为产业互联网的发展提供了理论支撑。

产业互联网和供应链创新、消费互联网、工业互联网、电子商务和行业互联网等都有紧密的联系，但也存在明显的区别。产业互联网以产业链为基础，强调通过全面综合服务和赋能，推动产业链的高质量发展。

产业互联网是企业数字化转型的高阶阶段，企业通过内部的管理信息化——数字化——智能化发展，形成一体化的运营管理能力，以及产业核心能力和资源的积累，进一步将能力开放化，打造面向全产业链的共享服务平台，从而实现新的跨越式发展。

价值创造是产业互联网应遵循的基本理念，通过以客户为导向的产业价值链重构优化，去除产业链中的不增值环节，推动产业链的专业化分工和集约化共享，带来整个产业链的提质降本增效；通过创造并分享新的价值，实现产业生态圈的协同共赢。

　　产业互联网平台是产业级的交易结算入口，通过产业级的共享增值服务吸引并连接产业链上下游企业到平台来交易，形成产业级的交易中心、结算中心和产业大数据中心；通过产业互联网和线下产业园区的联动发展，助力区域产业链精准招商和产业集群化发展。

第三章
产业互联网的顶层规划

目前各产业互联网平台发展现状如何？有哪些成功经验和失败教训？一个典型的产业互联网平台，到底应该由哪些部分构成？应该面向产业链上下游提供哪些共享服务？构建这些服务体系的要点是什么？本章我们将从大量实践中的产业互联网平台面临的现状入手，提出产业互联网平台的能级提升路径和整体架构，以及平台可以开展的产业服务内容，帮助您开展产业互联网的顶层规划。

◆ 3.1 大量产业互联网平台需要能级提升

目前，在很多产业链上已经陆续出现多种模式的产业互联网平台探索，然而由于缺乏政策扶持、专业引导、供应链金融资金和资源支持等，导致服务深度不够，发展较慢，规模较小。在目前的产业互联网平台中，真正做到产业互联网化的大概只有 20%，剩下的 80% 运营不佳。

3.1.1 大量平台运营不佳的原因分析

通过调研分析，我们得出大量平台运营不佳的主要原因有以下几个方面。

1. 不熟悉产业

对于产业的痛点和深层次的需求不能准确把握，只抓住了数字化（标准的技术平台），而没有抓住产业的特征（具体的个性化需求）。产业互联网平台的构建前提是深入的产业洞察，如果缺乏对产业的认知、理解与积淀，产业互联网无疑是空中楼阁。

2. 平台涉及品类太分散，业务范围不聚焦

不管是在大宗商品领域还是工业品领域，每一个产业都是数万亿的市场，涉及很多细分的品类。做一个大而全的电商平台在 ToC 领域是可行的，但是在 ToB 端必须先聚焦核心品类，在细分领域做深、做透，为产业用户提供真正有价值的深度服务，在经过验证的商业模式和业务闭环基础上再逐步拓展。

3. 用 ToC 促销、优惠的方式让客户配合做量

产业互联网平台如果不能提供产业链的增值服务，仅仅切入交易是不行的。靠用促销、优惠的方式获取交易量，做大 GMV（Gross Merchandise Volume，在线交易额），是不能形成平台持续发展的生命力的。

4. 用行政手段推动业务从线下到线上

产业互联网平台在启动之初，通常会将过去积累的线下资源引导至线上，成为第一批种子用户来跑通业务闭环并验证模式的可行性。但是如果平台不能通过产业链优化和增值服务为客户带来新的价值，仅是线下业务线上化，也是很难持久的。

5. 主要依靠技术驱动来建设平台

产业互联网是产业级的业务流程再造和产业链利益机制重构，如果不能充分考虑产业各参与主体的价值获得方式和利益机制，仅靠技术创新是不能带来平台业务增量的。

6. 通过线上服务代替线下服务

产业互联网是企业对企业的服务，这种服务带有很强的 O2O 特征，因此，

企业必须做好线下的服务。如果仅仅是建一个线上平台进行线上服务，就缺乏对产业客户的线下深度接触和服务；如果线上线下不能融合，也就无法形成可滚动发展的业务闭环。

7. 忽视标准规范的建设

产业级的流程和服务如果要实现规模化发展，就要依赖于每一个关键环节的业务流程和标准的建立，同时需要通过数字平台来积累和发展生态化的标准服务能力。

8. 能力缺失

产业互联网建设对团队的要求高，需要深厚的产业背景、深刻的理解和洞察能力及资源整合能力，同时需要结合数字化的创新能力、产业金融的设计和风控能力及产业级的变革推动能力。因此这就需要通过优势互补来搭建一个完美的团队，任何一个领域的能力缺失都可能造成平台发展缓慢。

3.1.2　产业互联网平台的提升路径

通过对各类产业互联网平台的观察分析，我们将产业互联网平台发展的成熟度分为四个阶段（见图 3-1）。

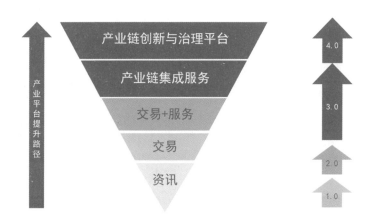

图 3-1　产业互联网平台发展的成熟度

目前，大部分平台仍处于 1.0 阶段（平台提供资讯发布以及基于供需信息进行交易撮合）或者 2.0 阶段（电商交易，利用信息不对称获得交易差价）。处在 1.0 和 2.0 阶段的平台的发展都面临瓶颈：一是客户全生命周期的价值没有被发掘出来；二是客户体验和激动指数不够，很难向线上转化，也难以形成平台黏性。因此，产业互联网平台需要向 3.0 阶段提升。从产业痛点入手，借助互联网对产业链进行资源整合和价值链优化，向客户提供有价值的服务，并随着平台发展不断延伸新的服务组合，最终形成围绕产业链的集成服务。

3.0 阶段的产业链集成服务平台能够真正推动实体产业的转型升级。经济下行的背景下，企业需要更多的专业赋能，平台拥有的综合服务能力越强，平台上的用户黏性就越大，那么客户离开平台的难度也就越大。3.0 阶段的产业互联网有以下两个优势。

第一，付费代表价值，产业互联网平台帮助客户提升效率、增收降本，客户愿意支付一定的服务费用。

第二，客户积累时间长，但相对稳定，客户转换成本高，黏度高，因此具有明显的叠加效应。

产业链的不断打通和优化、服务的不断集成，以及产业大数据的不断积累和应用赋能，能够为产业链上下游客户不断创造新的价值，带来新的体验，形成新的产业生态。在这种新的产业生态下，产业互联网平台不断标准化、规范化，完善规范行业标准和规则，形成产业信用体系；通过共创、共享等产业协同利益机制建设，完善产业链治理体系，形成共建、共赢的产业生态圈；通过基于产业大数据的分析应用和智慧化产业大脑打造，逐渐推动平台向 4.0 阶段演进，推动产业在有序规则下的竞争合作，形成持续、健康、稳定发展的新秩序，实现产业链的高端化和高质量发展。

案例：国联股份的产业互联网发展路径[1]

国联股份成立于 2002 年，是国内 B2B 电子商务和产业互联网平台龙头企业，为相关行业提供工业品和原材料的网上商品交易、商业信息服务和数字技术服务，构建了"信息＋交易＋服务"的产业闭环。公司于 2019 年 7 月 30 日在上交所主板上市，根据公开资料，国联股份连续多年高速增长，2021 年实现营收 372 亿元。

一、国联股份的发展路径

1.B2B 1.0 阶段（2006—2013 年）：打造"国联资源网"信息服务平台

国联股份从产业传媒起家，在成立后主要提供行业黄页服务。2006 年，国联股份推出了"国联资源网"工业信息服务平台，定位于分行业的资讯平台，主要以商业信息服务为主，线上提供供需信息展示和商业发布撮合服务，线下提供供需对接和营销推广服务。其收费模式主要是企业会员制，通过发展大量注册会员企业收取会员服务费。

2.B2B 2.0 阶段（2014—2019 年）：打造"多多"系列垂直电商平台

随着互联网的发展，B2B 市场的同质化现象使得竞争十分激烈，会员收费模式遭遇增长瓶颈，简单的商机撮合服务逐渐不能满足客户更深层次的需求。2014 年，国联股份开始了 B2B 2.0 阶段的转型。基于国联资源网的多年积累，分行业中具有较强优势的涂料化工、玻璃、卫生用品这三个产业分别成立了三大电商平台：涂多多、玻多多和卫多多。这些"多多"平台最重要的业务模式是自营电商。通过平台集合下游企业客户的需求，然后再统一采购销售，从而赚取中间差价。自"多多"平台上线后，电商业务逐渐成为公司收入的主要来源。

纵向延伸供应链条。"多多"平台成立初期，平台上的交易品种较为单一。当商品价格下行、供过于求时，公司就会面临损失风险。国联股份的纵

---

1 案例素材来源于公开资料及上市公司年报。

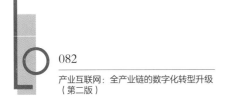

向延伸策略是向上下游拓展交易品类，比如涂多多由钛白粉拓展到四氯化钛、金红石、钛精矿等。当商品价格下行，在必要时将供应商的角色转变为客户，有力对抗价格波动风险。

横向拓展细分领域。在涂多多、玻多多、卫多多平台之后，国联股份进一步孵化更多的垂直电商平台，拓展服务的行业范围，如化肥电商"肥多多"、纸类电商"纸多多"和粮油电商"粮油多多"等，打造了可以在线交易的"多多"系列平台，不仅成功地将国联资源网 10 余年积累的会员用户盘活变现，也在行业内提升了影响力。

3. 产业互联网阶段（2019 年至今）：以产业数字化服务平台实现科技赋能随着电子商务的高速发展，其内涵已从在线商务扩展到物流配送、供应链管理、线上线下融合、SaaS 服务等范畴，B2B 垂直电商平台须进一步向供应链深度服务延伸。"多多"系列平台通过在线交易切入，将信息流、订单流、物流、资金流通过 B2B 平台整合，以此为基础，从在线交易延伸扩展到上下游用户的生产采购、物流仓储、支付结算、营销推广、信息化建设等供应链管理的不同层面，并为产业上下游提供云 ERP、电子合同、在线支付、智慧物流、数字仓储、数字工厂、工业互联网等数字化服务。

2020 年，国联云平台上线，定位产业数字化服务平台。通过国联云统筹公司对外输出端技术部门，积极建设产业和企业数字化技术服务平台，提供全网技术架构、电子商务、数字工厂、工业互联网、工业元宇宙等解决方案和平台服务，以及云 ERP、行业直播、远程办公、视频会议等云应用服务。通过"平台、科技、数据"的产业互联网发展战略，构建基于实体经济数字化的产业互联网生态体系。

二、国联股份案例的启示借鉴

纵观国联股份的发展历程，有三点启示可以借鉴。

第一，国联股份的每一次转型都抓住了时代的脉搏，及时洞察内外部环境的变化，把握产业数字经济发展规律，及时调整企业战略，从而保持行业引领地位。

第二，通过从行业网页到国联资源网，再到垂直电商平台，深耕垂直产业领域，积累了大量的对垂直产业的洞察，以及产业客户资源和团队的专业服务能力，为国联股份的产业互联网的可持续发展奠定了基础。

第三，注重发展过程中的协同效应。在国联资源网、多多电商平台、国联云实现信息服务、交易服务、技术服务等多业务间相互推广、引流，进行客户资源转化、技术能力共享等高效协同发展；通过"多多"系列平台的纵向品类拓展和横向领域扩展，实现多平台间的经验复制和业务延展。

◆ 3.2 打造面向全产业链的集成服务平台

交易量是衡量产业互联网平台的重要指标之一，无论产业互联网平台提供的是有形商品的交易，还是无形服务的交易，抑或既有商品又有服务的复合交易，成功交易是结果。是什么原因使得交易能够在这个平台上发生呢？答案是服务。3.0阶段的产业互联网就是要构建一个面向全产业链的集成服务平台，通过服务的吸引，实现产业交易（例如粮食交易、煤炭交易、工业品交易，各种各样专业服务的采买产生的数以亿计的 GDP 的产业产值）在线化。谁能够率先打造出在线交易的平台，成为产业的在线交易中心和结算中心，谁就能抢到数字经济的头筹，还能为这个产业进一步推行信用体系和建立标准规范发挥平台型企业的重要作用。

这个平台要具备三大基础、五大支柱，从而支撑平台成为产业级的交易结算中心（见图3-2）。

图 3-2　产业链集成服务平台架构

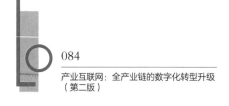
3.2.1 产业互联网平台的三大基础

1. 产业大数据

产业互联网通过产业链上下游的数字化连接，实现产业内各个参与者的互联互通；通过在交互、交易、交付各环节、各触点、各场景的数据采集，形成产业级的大数据积累；通过为每一个环节提供数字赋能，改变每个环节创造价值的方式，从而提升产业的智能化分析预测、供需精准匹配和风控预警能力，带动供给侧改革优化，满足用户的个性化需求满足。

随着产业互联网平台的发展，产业大数据的储存和价值发掘将成为平台越来越重要的能力，因此在开展产业互联网平台顶层规划的时候就要充分考虑大数据采集、储存和应用的规划，建立相应的数据标准化体系和数据治理机制。

2. 信用体系

随着在线交易结算以及履约情况等产业大数据积累，将逐步形成产业信用体系，为供应链金融风险控制和产业链交易规范提供基础保障。

通过产业互联网平台的实时透明化，产业信用数据将被平台所有参与者实时了解，有利于推进产业健康、规范发展，信用不好的商户将被平台和相关交易者纳入不良信用名单，从而提高了违约成本。

3. 标准规范

标准化是产业级交易的基础。大量非标商品或者各地标准不统一的商品在产业互联网平台顶层设计阶段需要先进行标准化，定义其关键分类标签和特征参数，形成产业上下游广为接受的产品和服务标准，从而实现在线交易，降低交易成本和风险。

通过产品和服务的标准化，以及对交易和服务过程的运作流程进行规范化，借助平台推动各方遵守行业规范，推动整个产业标准化和规范化的提升。

案例：百果园——做更好吃的水果

百果园 2001 年成立于深圳，是一家集水果采购、种植支持、采后保鲜、物流仓储、标准分级、营销拓展、品牌运营、门店零售、信息科技、金融资本、科研教育于一体的水果全产业链企业。截至 2022 年 11 月，在全国有 5 600 多家连锁门店、7 200 多万会员，年销售额突破百亿。

如何通过卖水果获得百亿？消费者的认可来自百果园提出的"不好吃三无退货"政策，只要顾客觉得水果不好吃，无需小票，无需实物，无需理由，即刻退货，开创了行业服务标准新高度。而在这个政策的背后支撑是百果园的果品标准体系和从产业端到消费端的全链路鲜度管理。

百果园独创果品标准体系——"四度、一味、一安全"，即将水果按照"糖酸度、鲜度、脆度、细嫩度、香味、安全性"分成招牌、A 级、B 级、C 级 4 个等级，严格把控水果的供应标准，让顾客看得见品质分级，让"好吃"成为水果的检验标准。

要保证水果好吃，首先是上游种植端的标准化管理。百果园通过基地端的种植标准化，建立"四位一体"（土壤、气候、生理、农事）的评估与生产模型，将农事活动标准化，减少种植的随意性，并通过智能硬件设备和数据平台进行实时监控，及时发现问题。其次是采摘过程的成熟度管理，适时采收，确保水果的最佳口感。最后是从产地到配送，再到门店销售的全程冷链控制和全面鲜度经营。

水果是生鲜里最难做的品类，但百果园能一直将损耗控制在 5% 左右，供应链的全链路鲜度管理发挥了主要作用，建立从种植、采购、仓储物流、终端零售的全方位品控体系。具体来讲，百果园先将水果进行分类，按照耐储、易损程度分为 6 等，不同易损等级的水果与货架管理、库存管理、运输管理、终端销售手法等都相互匹配，促使综合耗损率降到最低。以草莓为例，为了控制

货车温度，实现快速制冷，保证草莓水汽不外散，百果园要求草莓快速降温后，温度必须提升到4℃再装运，对接仓库的温度也要求在4℃。在这种标准化模式下，草莓的耗损率降到了4%。根据中国果协连锁超市与电商分会的数据显示，水果零售行业一般平均耗损在10%左右，部分水果电商高达15%。但是经过百果园的标准化物流操作，运输的水果耗损率可以控制在5%之内。

通过上面的分析可以看出，百果园不断推进产业端的技术研发和标准化管理。通过非标准产品的标准化，并通过平台将这些标准应用推行到产业链上下游的从业者，传统的水果产业链实现了整体的专业化提升。

3.2.2 产业互联网平台的五大支柱

1. 供应链服务

供应链服务是产业互联网平台的基础，这里的供应链服务针对实体产业供应链上下游客户，从供应端的集中采购、生产端的产能设备共享、交付端的仓储物流共享到售后端的客户服务提升等，实现高质、高效、低成本的供应链服务。

2. 技术服务

产业互联网平台为产业链从业者提供一系列技术赋能，既包括产业的专业技术服务、品控与技术质量检测服务，也包括数字化的技术服务。例如：帮助产业从业者解决技术难题，提供技术咨询服务；为技术研发者和技术需求方进行供需匹配，促进技术成果转化，推动产业创新技术应用；为产业链交易过程提供技术质量检测等共享服务；为产业链上下游企业提供SaaS等数字化软件平台服务等。通过平台向产业链上的各参与主体进行技术赋能，降低技术使用门槛，实现技术普惠，从而提升产业链的整体技术水平。

3. 金融服务

金融服务是产业互联网平台的标配，通过产业互联网平台将为资金进入实体

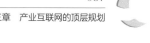

企业提供安全通道。产业互联网服务体系的核心是四流合一，也就是商流、物流、信息流和资金流保持一致。四流中，最关键也是具备时间价值增值的是资金，因此金融服务成为产业互联网的核心要素之一。金融服务在产业供应链中将发挥资金的协调作用，通过和商流、物流、信息流之间的有效整合，提高产业供应链的整体协同性和响应性。

4. 数据服务

数据将成为新的生产要素。依托于产业大数据的积累，产业互联网平台将通过数据服务的产品化，为产业链上下游提供更多增值服务，为产业发展提供从宏观到微观的决策分析和指导，如产业相关指数的发布、市场需求趋势预测、供需精准匹配、智能分析决策和风险预警等。

5. 人才培养

产业互联网转型最大的瓶颈是认知的转变和人才的缺失，因此产业互联网平台想要获得成功，一定离不开构建和提升对产业人才赋能的能力，打造产业级的人才培养赋能平台，随着产业链的转型升级，实现对产业链上下游关键岗位人才的培养，以及逐步形成产业级的人才评价认证体系，从而实现人才链和产业链的协同发展，建立符合现代产业体系要求的人才供应链。

在后面的几个小节中，我们将对上面五个领域的服务如何构建进一步展开叙述。

案例：欧冶云商构筑大宗商品共享服务生态圈

欧冶云商成立于2015年2月，是中国宝武发起的、以全新商业模式建立的第三方生态型服务平台。欧冶以"共建、共享、值得信赖"为经营理念，以"促进钢铁行业从制造向服务转型、重塑钢铁流通领域新秩序、助力提升钢铁产业链运营效率"为使命，以"大宗商品交易的服务者、基础设施的提供者、信用体系的构建者"为战略定位，致力于构筑更具活力的大宗商品共享服务

生态圈。目前，欧冶云商已成为国内产业互联网平台中的领军企业。2022 年
11 月，欧冶云商在创业板成功上市。

我们来看一下欧冶云商平台中的产业链集成服务（见图 3-3）。

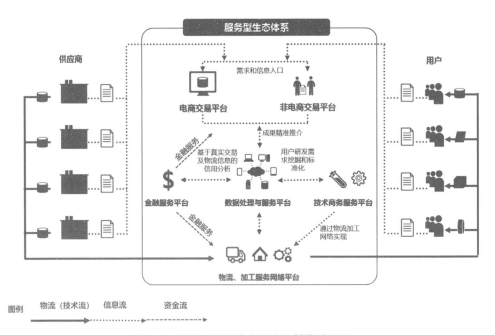

图 3-3　欧冶云商平台中的产业链集成服务

1. 交易服务

欧冶以平台化运营的方式，创新钢铁新零售模式，为上游资源方（钢厂、
贸易商）提供碳钢板卷、不锈钢、螺线等钢材全品类和全流程在线零售服务，
配套结算交易和撮合交易、挂牌交易和竞拍交易等多种组合销售模式，并积
极拓展东南亚和南亚等区域海外新零售服务平台，满足中小买家（贸易商、
终端用户）基于时间、空间、批量、品类等个性化采购需求。同时，欧冶云
商平台为买卖双方提供货物信息认证、用户信用评级、店铺运营、智能搜索、
智能定价、第三方支付、自助提货多种增值服务，有效提升了用户黏性。

2. 物流和加工服务

欧冶提供从仓储管理、运输管理到加工管理的全流程交付解决方案，从而确保了仓储、运输和加工过程的数据化、可视化和智能化。"欧冶运帮"提供从钢材出厂到最后一公里交付的全程物流平台化服务，促进物流供应链降本增效；"欧冶云仓"与合作伙伴共建智慧仓库，打造可靠、高效的智能监管能力；"欧冶加工"整合合作加工厂，实现委托加工用户和加工厂的高效对接。目前，国内已经有近 2 000 家仓库加盟成为"欧冶云仓"的合作伙伴，并安装了欧冶的"宝盈通"仓储管理系统，另外有超过 30 000 辆车辆和 1 600 条船舶成为"欧冶运帮"的合作伙伴，部分承运商安装了欧冶的运输管理系统，700 多家加工厂成为"欧冶加工"的合作伙伴，并打造智慧加工厂，从而形成了覆盖全国的物流基础网络。

3. 数据和技术服务

依托中国宝武在钢铁供应链领域数十年的深耕和深厚的钢材技术知识积累，欧冶建立了钢铁材料牌号、公差、缺陷等完整的数据库，并通过"欧冶知钢"PC 端和移动端知识工具，为用户提供钢材选购和使用场景的专业技术服务；同时，欧冶通过将技术专家与用户高效连接，提供专家在线咨询、知钢识材解析、在线技术培训等知识解决方案，满足用户个性化技术需求。此外，欧冶还提供质量异议高效处理、用户定制化知识服务等增值服务，构建了差异化技术服务竞争力。

4. 供应链直联服务

欧冶依托自身线下物流网络和线上平台优势，将数据征信和智能监管相结合，构建多维度、数字化、可视化信用服务体系，帮助中小企业直接对接银行等金融机构，有效解决银行风控难、中小企业融资难和融资贵的问题。目前，欧冶直联服务已经对接多家银行，通过高效、智能的风险管理服务，

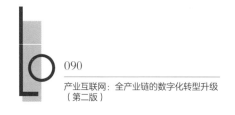

为银行对接中小实体企业提供了安全可靠的信用环境，并通过系统对接和全流程在线化方式，有效解决了中小企业融资慢问题。

欧冶云商总裁金文海先生表示："大数据时代，我们作为钢铁产业互联网企业，最根本的是要掌握大数据，用数据去指导上游钢厂生产和发货，帮助下游用户高效、专业采购，从而促进下游企业和钢铁制造商之间的整合、融合。未来，钢铁产业互联网平台要与钢铁制造业互联互通，与钢企内部信息系统相集成，向钢铁产销链条深入渗透，通过信息互联互通和数据共享，有效消除供应链节点之间的契约不完善、信息不完全、信息不对称和交易不确定等问题，从而实现产业链的高效协同。"

◆ 3.3 平台服务之供应链服务

产业互联网是对实体产业供应链的数字化改造和升级，从而实现整个产业供应链的提质、降本、增效。在设计产业互联网平台的供应链服务内容的时候，要分析产业链上下游各供应链环节的现状需求和痛点，找到服务切入点，并进一步明确实现这些服务保障所需要的资源配置、实施流程和技术实现手段。

3.3.1 供应端的集中采购

当产业链某一环节存在大量分散采购的时候，可以通过产业互联网平台整合零散的采购需求，进行集中采购以实现集约化管理。典型场景如下。

一是采购方的单次采购量小，单独采购成本高，通过计划性的集中采购形成规模效应，可以大幅提高议价能力，降低采购成本。比如在产业集群中大量中小微企业，单独进行原料或者设备的采购，不仅价格高，而且对于采购品的品质也不能有效把控，通过平台进行需求预测分析和计划性的集中采购，可以帮助中小微企业解决困境，降低成本。

二是采购品类多，导致采购过程成本高，通过产业互联网平台的一站式采购服务，提升采购专业化和透明化，降低采购过程的管理成本，极大地降本、增效。比如对于工业品的采购，过去企业采购人员需要多方寻源和询价，通过一站式综合采购服务平台，集合各类工业用品库存量单位（SKU），使企业采购人员可以方便地进行综合比价和一站式采购。

三是从降低采购品库存的角度，实施供应商联合库存管理。将每一家企业都需要进行的采购品库存储备转型为由产业互联网平台提供共享库存，企业按需领用，按使用付费；产业互联网平台通过大数据的精准分析预测进行及时补货和库存储备，降低供应链的整体成本。

3.3.2 生产端的产能设备共享

当产业下游客户存在多品种、小批量、短交期的订单需求，而对应的生产加工厂大量分散时，就可能出现下游客户寻找生产供应商比较费时费力，而大量生产加工厂忙闲不均的情况。对于这种产业链场景，可以考虑共享工厂模式，其前提是通过工业互联网手段对工厂设备和产能状况的实时了解。

比如某缝纫机设备商，通过对缝纫机设备的智能化改造，将缝纫机卖/租给服装加工厂之后，可以通过系统平台实时了解各服装加工厂的产能和开工情况，这时进一步促进产业互联网平台化转型，通过对接下游服装品牌商获取订单需求，与上游的产能进行匹配，为服装加工厂获得更多的订单，为服装品牌商匹配合适的供应商，提高供应链效率。

3.3.3 交付端的仓储物流共享

交付端的仓储物流共享包括产业供应链从订单到交付完成所涉及的所有仓

储、物流配送等供应链共享服务，以共享集约化实现供应链的降本、增效。

在仓储方面需要考虑选址策略（在哪里设仓既能成本低又能实现快速的供应保障？）、库存策略（每个仓中如何设置合理的库存？）、建设策略（是自建还是合作？目的是实现有效管控与资源投入的平衡）、仓库监管（如何通过物联网等技术手段实现云端监管，保证货物安全？）等。

在物流方面需要考虑是否采用多式物流联运等运输方式，是自建物流服务能力还是第四方物流管理，运输批量与合并运输设计，可循环物流器具使用及回收体系，物流全过程的实时监控等。

3.3.4 售后端的客户服务提升

售后服务中需要重点考虑如何让用户获得良好的服务体验，需要建立服务过程的流程标准化管理，从而在售后服务需求响应、抱怨及投诉、突发事件应急处理等方面建立良好规范。在售后服务的过程中，也需要充分考虑平台和商品供应商之间的责任分工，以及在面对客户服务诉求的时候如何实现紧密协同等。

对涉及比较长的后市场服务的商品（如汽车、工程装备等），售后的维修保养和运维服务也是一个巨大的市场空间。如对于设备运维，如何通过智能预测提供运维中的主动服务；对于维修保养，如何提供配件的供应保障，在汽车的后市场服务中就涌现出多家产业互联网平台。

案例：震坤行———一站式工业用品服务平台

震坤行是国内领先的数字化工业用品服务平台，主要经营工厂使用的备品、备件、辅料和易耗品（简称 MRO），为企业提供集在线交易平台、数字化工具、智能化服务于一体的综合数字化供应链解决方案，实现工业用品的一站式采销、管理和交付服务。

MRO 工业用品采购领域长期存在着品类繁杂、采购分散、价格不透明、假货多、货物搬运次数多、仓储费用高、中间环节多、服务要求高、采购的管理成本高等显著痛点，震坤行通过整合线上线下资源，连接 18 000 家国内外优质供应商和 40 000 家先进制造业客户，赋能产业链上下游，实现生产与流通领域供应链的高效协同，有效解决了行业痛点。

1. 一站式、阳光透明的在线采购平台

震坤行在线商城拥有 32 条产线，1 500 多万种 SKU 商品，通过对产品信息进行整理上传、智能分析、查询回溯，实现产品信息条理化、标准化和数字化，减少供应环节及销售环节的中间层级，全面打通供应链上下游产品数据，实现供需精准对接，为决策提供有力的数据支撑和平台支持，企业采购可一键完成"选型、比价、下单、审批"等一体化在线采购流程，轻松实现数字化采购。

针对多品种、大批量的询价，震坤行专门推出了线上智能寻报价功能。客户只要进入震坤行官网，通过 Excel 批量导入数据，便能实时获取产品价格信息，大大提高了采购效率。为了解决企业的长尾需求，震坤行吸引实力派商家入驻平台，在共同丰富 MRO 产品库的同时，提升区域供应商的服务能力，打造覆盖全国的服务网络。

震坤行还上线企业数字化采购平台"企数采"。"企数采"平台实现了 MRO 采购采买链条的统一，使得采购人员可以在同一个数字平台上完成招标、寻源、内部审批等一系列操作，显著提升采购效率，进而帮助客户实现定制的、无缝的、阳光透明的在线采购。

2. 离客户足够近的仓储物流交付

工业用品的客户对产品送货的准时性和准确性有极高的要求。为了及时提供供应保障，震坤行在全国铺设 35 个总仓、70 个中转站、4 000 多个智能小仓库，实现物流环节的数字化运营和全链条追溯，解决 MRO 最后一公里的交付问题。

在终端客户现场，震坤行创新性地提出了智能仓库这一新型仓储模式。通过智能仓储设备，帮助客户实现联合库存管理（JMI），从而在配送、仓储等各个环节打造智能化的供应链，实现了 MRO 物料零库存、无人化管理。具体而言，就是把仓库前置到工厂的生产现场，领用情况通过智能仓储设备的物联网系统进行实时监测，使客户可以按需领用。"领用即下单，月度再结账"的联合库存管理模式缩减了所有流程，显著降低了工厂的库存压力和库存成本。

3. 全生命周期的设备运维服务

为了给客户提供更深度的专业服务，震坤行打造数字化的设备运维平台——"行家设备云"，融合物联网、大数据、云计算、人工智能技术，通过各种信息传感器、射频识别技术、红外感应器、激光扫描技术、在线监控技术、全球定位系统等技术，实现对物料的智能化感知和识别，以及对工厂设备的一站式智能化管理，帮助客户实现预测性维护保养和远程智能运维，做到事前预防、事中控制、事后快速修复、设备与备件全生命周期管理，大幅提升了设备效率和生产效率，降低了设备运维总拥有成本（TOC），同时延长了设备生命周期。

◆ 3.4 平台服务之技术服务

技术创新是产业升级的重要推动力量，然而我们经常看到一边是高大上的新技术难以成果转化，另一边是传统产业依然在落后的生产水平上挣扎。为了弥合从技术研发到应用成果转化的鸿沟，产业互联网平台对产业链上下游提供技术共享服务，一方面可以降低产业用户的技术使用成本，实现技术普惠；另一方面可以加速产业新技术和新标准的推广应用，提升产业链的整体技术水平和产业规范度。

3.4.1　产业技术的研发和应用推广

产业互联网平台企业通过识别产业链上的技术升级需求以及共性的技术难题，与相关领域的专业科研机构及高校进行合作研发，如很多农业产业互联网平台通过与农科院所和农业相关院校专业建立产学研合作机构，对产业相关品种培优、种苗培育、有机种植／养植、生产深加工技术等进行研发和成果转化应用，通过平台将新技术成果快速推广到产业上下游的应用，提升产业整体技术水平。

一些技术密集度比较高的产业可以进一步通过与技术交易所等功能型平台合作，打造垂直产业技术服务平台，以丰富的产业场景为吸引，汇聚更多的技术服务机构（各类科研院所、高校等）和科研人才，进行产业新技术的研发及已有技术成果的转化应用，打造产业技术高地。新的技术成果将通过平台向产业链上的各参与企业进行技术授权，降低技术使用门槛，推动产业创新技术应用，实现技术普惠（见图 3-4）。

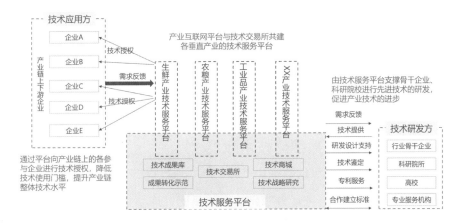

图 3-4　打造垂直产业技术服务平台，为产业链进行技术赋能

3.4.2 产业链的质量检测和品质管控

对于大量非标商品，需要通过技术服务平台形成产品质量标准，并通过平台或者第三方专业检测机构进行技术质量检测鉴定服务（见图3-5），进行商品价值的评估，从而降低非标商品的交易风险，保证商品的品质。

· 服务场景示例：对上游生产商/供应商提供的非标准商品，平台提供质量标准和检测鉴定，进行商品价值的评估。

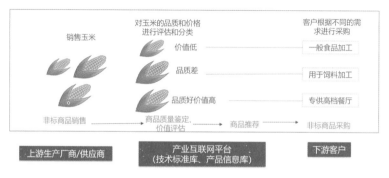

图3-5 非标商品交易的业务场景示例

对于强调商品质量管控的产业链，如对于食品安全的全程追溯、对于原厂正品的质量保障要求等，就需要通过平台建立基于区块链技术的供应链全过程防伪追溯系统，将"人 + 时间戳 + 地理信息 + 动作"等全过程数据上链，实现商品流通环节的透明、可追溯，使产业链各环节都可以随时通过产品的二维码等标识信息进行全程的溯源，实现过程质量管控，杜绝假冒产品。

3.4.3 产业链的数字化技术赋能

产业互联网作为产业级的数字化基础设施，通过提供全链路、全场景的产业SaaS服务，为实体产业链进行数字化技术的赋能，推动整个产业链的数字化转型升级。比较典型的SaaS服务如下。

1. 为产业链下游企业提供营销管理系统

例如：一些 S2B2C 的平台为下游的中小商户提供云商城系统，可实现零售端的交易支付（实时消费数据管理）、促销推广（提供各类互联网促销工具）、客户关系管理（客户交互服务、会员管理，形成私域流量）、门店进销存及经营分析管理等。

2. 为产业流通环节打造全链路的数字化供应链服务平台

通过智慧仓储和智慧物流管理系统，实现供应链全程的可视、可控及仓配资源的统筹优化。如通过智慧仓储管理系统，对自有仓库和第三方仓库实现统一集成管理，为产业链各方提供领先的智慧仓储软硬件综合解决方案（包括 WMS 仓储管理系统、ATM 自助提货机、PDA 手持终端、智慧监管平台等），实现仓单电子化管理及货物在库可视化、数据化管理。又如智慧物流管理系统，通过整合社会运力，为货主和承运商提供物流匹配、物流竞价、物流跟踪、物流结算、物流金融、物流保险、物流车后市场等一系列专业化服务；通过车联网及人工智能等手段对物流车辆全程实时监控，确保货物安全。智慧仓储和智慧物流管理系统通过对货物的实时监管和把控，为供应链金融的实施提供了基础保障。

3. 为产业链上生产制造企业提供数字化工厂和工业互联网服务

例如：通过云 ERP 实现生产制造企业生产计划及订单全流程管理；通过工厂数字化改造，实现基于用户个性化需求的 C2M（Customer-to-Manufacturer）智能制造；通过工业互联网，实时了解设备和产能情况，以及订单生产进展，从而指导产业上下游的产能匹配和供应链计划优化，实现产业供应链上下游的高效协同。

随着数字化对产业链的不断渗透，产业互联网将从过去以企业为连接节点，进一步通过 SaaS 化的数字化工具深入企业内部的各个供应链节点，甚至每个岗位或每台设备节点。通过数字化连接的节点颗粒度越细，积累形成的产业大数据越精细化，通过大数据挖掘进行产业价值链优化的空间就越大，越能推动产业链

逐步实现精益化管理。

<h3 style="text-align:center">案例：本来生活——以专业赋能生鲜产业链转型提升</h3>

本来集团（以下称本来生活）2012年成立，是一家同时具备农产品供应链全程化管理服务、自有品牌塑造、媒体整合营销、自有冷链物流、线上生鲜电商、社区生鲜连锁新零售等综合能力的生鲜全产业链集团。从线上"本来生活网"到线下社区生鲜连锁店"本来鲜"，形成了"线上＋线下"的新零售布局。本来生活网专注为中高端用户提供安全健康、高品质高性价比的生鲜食品，通过采用"全球买手产地直采＋全链条品控与溯源体系＋城市中心仓＋生鲜冷链与常温配送直达"的DTC（Direct to Consumer，直接为消费者提供）模式，大大缩短了生鲜农产品流通环节，实现从产地到消费者的最短交易链路。本来鲜以满足用户即时性、便捷性的消费需求为主，全面开放赋能生鲜创业者，为创业者提供从商品、供应链、线上线下运营、新零售系统等全链条支持，共同打造最具价值的生鲜创业平台。

本来生活致力于做价值创造者，通过全产业链的专业赋能和新价值创造，推动生鲜产业链的转型升级。

1. 农产品产业链源头的品牌和技术赋能

本来生活深度参与农产品上游的标准化、规模化、品牌化过程，以品牌和技术赋能，帮助原产地实现产业化升级。

实现品牌溢价对于农产品来说价值巨大。在品牌方面，本来生活通过互联网营销的核心能力，成功打造了400多个优质生鲜农产品品牌，如褚橙、阿克苏红旗坡100冰糖心、蒙自百年古树石榴、俞三男状元蟹、李玉双稻花香有机大米、四川蒲江丑柑、库尔勒"脆香红"香梨、西藏岗巴羊等，实现"让良心农人得到良心回报"。

品牌溢价的背后是好的产品品质的支撑。农产品的品质升级需要大量农业生产新技术的引入和应用。本来生活发起成立科技赋能农产品品质联盟，汇聚众多科研公司进行科技赋能，如携手拜耳（中国）探索更加生态、更加科技的种植技术，将更加绿色安全且富有前沿科技含量的国际生产种植技术与标准带入生产端；与上海市农业科学院、上海农科种子种苗有限公司合作，在种质资源创新、农作物品种选育、绿色生产技术等方面建立"产学研用"全链条合作模式，共同促进高效精品农业发展。

2. 产品全程溯源及品质管控

本来生活携手国际权威检测机构 SGS（瑞士通用公证行），打造生鲜商品全程溯源体系，树立行业品控标杆；通过独立研发电子追溯防伪系统、冷链全程追踪系统，实现农产品从种植到终端销售的信息可追溯化。

在品控管理方面，集团设立九大关卡，包括供应商资质审查、现场质量水平评估、质量规则签订、大品驻厂品质前置、入库验收、实验室检测、合格商品予以上架、库内商品实时监测、物流配送质量控制。集团在田间地头和原产地生产环节严控品质，在每一个仓库都设置专业食品安全检测实验室和品控团队，入库过程中对商品进行抽样质检，通过对农产品进行农残、兽药残、重金属、非法添加、辅助类及可用助剂残留等质检工序，确保入库商品品质达标。

3. 产业链全链路的数字化技术赋能

本来生活建立了产业链全链路的数字化平台，通过自主研发的智慧系统——"本来生鲜大脑"、用户价值管理系统（CRM）、企业资源管理系统（ERP）、供应商管理系统（SRM）、仓储管理系统（WMS）、数据仓库等，将产业供应链各环节数据纳入系统，并使用 AI 及大数据分析引擎得出供应链各环节的效率数据，从而可以有针对性地优化商品采购、加工、配送等环节，

实现全链路的信息透明。

通过全产业链的数字化赋能，使顾客可获知商品的生产、配送全过程，实现生鲜产品全流程追溯；生产者可以根据 CRM 系统中提供的大数据分析结果及 AI 推荐信息安排生产种植过程；仓储、物流实时获知进仓计划、加工计划、配送计划，提前进行资源安排，提高仓储周转效率，从而构建出本来生活高效的生鲜产业供应链协作体系，降低产业链供应链成本，提升产业链供应链服务质量。

◆ 3.5 平台服务之金融服务

大部分传统产业都面临产业链上下游中小微企业融资难、融资贵问题，如果产业互联网平台能有效解决这个痛点，将是实现有效获客和获得快速发展的关键。产业互联网的供应链金融服务不同于传统的银行借贷，它依托于产业链上下游的真实交易，同时只有保证核心交易在线进行，才能实现流程闭环和风控管理。因此，做好供应链金融服务是吸引产业上下游企业上平台开展在线交易的重要驱动力之一。

3.5.1 产业互联网平台实施供应链金融服务的难点

产业互联网平台企业在供应链金融服务落地过程中经常会出现以下问题。

其一，产业链上下游企业对供应链金融服务需求迫切，但是结合具体产业场景的供应链金融服务需要相关金融专业背景和配套 IT 技术的支撑，而平台企业一般只具备产业背景或互联网技术背景，难以支持供应链金融产品的设计和运营，这时需要引入供应链金融领域专业背景的团队人员，或者借助外部有实践经验的专业机构来共同进行供应链金融模式和风控方案的设计。

其二，一些产业互联网平台将供应链金融服务不能有效开展归咎于没有银行和金融资金支持，却忽略了自身的闭环风控体系建设和大数据信用体系积累，从而陷入先有"鸡"还是先有"蛋"的怪圈。我们建议，产业互联网平台需要先通过自有资金或者自筹资金进行供应链金融模式的闭环验证，等供应链金融模式方案经实践验证确实可行，并经过一段时间的数据积累之后，再去进一步撬动银行等金融机构的资金引入，逐步降低资金成本，这才是一条现实可行的路径。

其三，产业互联网平台的供应链金融服务需要和银行等金融机构对接，以获得大量稳定低成本的结算资金，同样银行等金融机构也在不断挖掘可靠的供应链金融产业应用场景和潜在客户，因此需要建立产业侧和资金端高效对接的通道。在一些区域的产业园区／行业协会，正在开展供应链金融结算基金的创新，通过产业园区／行业协会的公共服务平台联合相关金融机构，帮助企业进行供应链金融资金资源的对接和支持。

3.5.2　基于产业互联网的供应链金融模式创新

供应链金融服务是指依托供应链中真实贸易背景形成的资产（应收、存货、预付等）为授信支持资产，以交易行为所产生的确定未来现金流为直接还款来源，引入核心企业信用捆绑、资金流闭合、物流监管及数字化信息监控等专业化风险管控措施，为供应链条上不同节点企业提供结构化短期融资为主的金融服务。

基于产业互联网的供应链金融模式有以下几个重要特征。

一是交易真实性。传统金融模式下，按照抵押物或者企业授信，而在供应链金融模式下，注重企业之间的交易过程。金融机构在考虑授信额度时不再主要考虑企业的规模和实力，而是重点关注企业之间的贸易背景和交易行为。产业互联网平台通过产业链上下游信息流的打通，以及信息流、商流、物流、资金流的四流合一，并凭借电子签章、电子合同、物联网和区块链等技术，保证交易的真实性和交易过程的可溯性。

二是收入自偿性。企业的交易回款要能覆盖成本，还能够向银行偿付利息和本金。因此，供应链金融必须是基于供应链上企业的自偿性交易。

三是业务闭环化。仅看交易的自偿性还不够，要避免企业把贷款拿去做别的用途，因此，需要建立业务闭环，确保交易流程的可控性。

四是声誉资产化。平台不仅做风险管控，还将形成企业信用资产的积累。企业在平台上的每一笔交易都是在积累信用，从而形成产业级的信用体系。

基于产业互联网的供应链金融模式目前主要有以下几种。

一是基于核心企业应付账款的服务模式，也称为反向保理模式。由于核心企业的信用较好，基于核心企业对上游企业的应付账款，为上游企业提供供应链金融服务，这种模式基于核心企业较好的信用，一般比较容易得到资金提供方的认可，加上产业互联网平台和区块链等技术的应用，可以将核心企业信用向上游传递拆分到多级供应商。

二是基于集成供应链的服务模式。基于产业互联网的集成服务平台，在为供应链上企业提供代理采购、代理分销、物流、仓储等供应链服务的过程中，通过在线化、智能化的技术监管手段（一般依靠"技防＋人防"的综合监管）掌握货物实时状态和控货权，金融机构根据平台提供的货物实时数据进行相关的授信和放款，从而建立交易闭环。相应的供应链金融产品包括仓单质押融资、动产质押融资等。

三是基于交易数据的服务模式。这是一种运用 AI、区块链、大数据等技术，获取多维度数据，进行数据清洗、整理和加工处理，进而建立风控模型，提供金融服务的模式。这种模式的核心是动态数字资产在供应链金融中的应用。

实际的产业场景往往比较复杂，可能是以上几种模式的综合应用，从而实现既能解决产业链企业的融资需求，又能够实现金融机构的风控要求。

　　AMT 认为，供应链金融风控，首先应在供应链的管理上保证良好的供应链质量和运营稳定性，这是前提，否则必然形成巨大的金融风险，其次要在资金的安全性、流动性、收益性间实现动态平衡。在产业互联网实践中，AMT 总结出"管得住、算得清、卖得掉"的供应链金融风控策略。首先是"管得住"，比如在质押融资中，要通过对第三方物流企业的云仓库和动态物流跟踪等手段，确保对货物状态的实时掌握和货物安全性，如果在云仓库中，货物发生位置移动，平台马上会收到报警；其次是"算得清"，通过动态库存货值管理，当货物保质期变动影响货物价值，或者当货物价格波动到达预警阈值时，平台需要马上预警，采取催促融资方补足保证金等风控措施；最后是"卖得掉"，当出现风险预警的时候，金融机构的劣势是对不良资产的处理力度不够，只能找个拍卖商贱卖，但是产业互联网平台由于掌握比较多的产业资源，对于价格行情也比较清楚，所以具有较好的货物处置能力。

　　综上，基于产业互联网平台的供应链金融服务，将风控关注点从企业主体静态信用转移到企业主体信用、交易信用和动态信用的融合管控，通过将订单、资金、物流和仓储等数据信息直接联通到资金端，帮助金融机构快速监测货物交易、资金、货权等流转信息，成功连接产业和银行，重构行业信用评价体系，提升行业资金融通效率，助力行业整体风控。

3.5.3　区块链技术在供应链金融场景中的应用

　　若要成功实践供应链金融，必须有强有力的风险管控能力。区块链技术适合多方参与搭建的信息共享平台，将分散割裂的数据库连成网络，缓解传统业务场景下信息不对称、信任成本高及资金跨级流转风险大等问题。基于供应链金融存在的潜在风险，区块链技术以信息的不可篡改，以及信用的可分割、易流转，在一定程度上解决了供应链金融在产业互联网平台落地的两大痛点。

一是解决多主体合作的信任问题。供应链金融涉及产业链上下游企业，需要商业银行、保理公司等资金端的支持，以及物流、仓储等企业的参与。在多主体参与的环境中，协同合作的基础是信任与利益分配。区块链作为一种分布式账本，链上信息可追踪，不可篡改，多个机构之间数据实时同步，可实时对账，为各参与方提供了平等协作的平台，降低了机构间信用协作风险和成本。

二是解决多层级信用传递问题。传统贸易融资中的商票、银票流转困难，且不可拆分。基于区块链的电子商票（见图 3-6）具有可拆分、可支付等特征，能实现数字化债券的拆分、流转，能将核心企业信用向上游多级中小企业传递，从而实现产业链的可穿透。

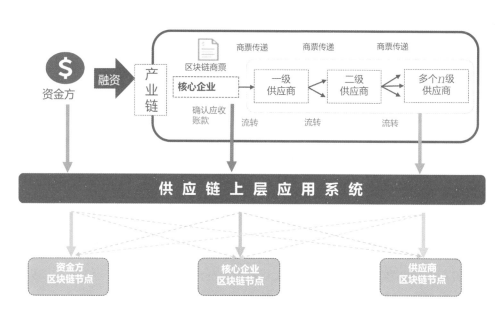

图 3-6　基于区块链的电子商票

资金流向与产业中的交易信息越匹配，资金就越安全，所以把区块链的技术和供应链金融结合起来，就使得产业互联网的服务可以走向更加深入、更加多级的产业的场景。

案例：粮达网的供应链金融实践

中国农粮贸易链较为冗长繁杂，存在缺乏履约保障、缺乏避险套利手段、货价在途风险和周转资金不足等痛点。为解决中国农粮供应链冗杂、低效且分散的现状，中粮集团与招商局集团联合打造了大宗农粮一站式服务平台——粮达网。经过不断探索用户的深层次需求，提升行业交易效率，颠覆行业传统交易习惯，截至 2022 年 12 月，粮达网已累计实现线上成交额 1 646 亿元，供应链金融服务累计 688 亿元。

粮达网平台在初始实践时，直奔交易目的，拉客户上平台卖产品，但缺乏购买的客户，没有形成流量，一段时间内进展比较缓慢。后来，通过对需求认真进行分类分析发现，对于大量中小粮食贸易商来说，金融是强需求，物流是弱需求，交易是第三需求，所以粮达网及时做了战略思路的调整。

粮达网从农粮贸易商资金周转困难的痛点入手，以实物静/动态质押模式为产业链上下游贸易商提供供应链金融服务为切入点，从而吸引更多的买家和卖家到平台上来实现在线交易；交易增长进一步带动物流的服务需求，通过平台的物流订单合并提供第四方物流服务，从而进一步降低产业链上下游客户的物流成本。金融的需求带动交易的提升，再带动物流的服务，从而逐步形成了农粮产业一站式综合服务及产业的大数据平台。

进一步，粮达网平台又与下游由蒙牛集团打造的爱养牛平台连接，依托蒙牛核心企业信用提供反向保理服务，将上游粮达网平台上的饲料玉米采购，与爱养牛平台的"饲料加工——奶牛养殖——牛奶消费"的产业链流程和数据打通，形成产业链闭环，实现了供应链金融的全产业链贯通、穿透。

◆ 3.6　平台服务之数据服务

　　企业数字化能力的高低在本质上是数据能级的竞争。一个企业掌握的是小数据、中数据，还是大数据，代表了不同层级的数字化能力。当一个企业掌握其内部"研——产——供——销"的完整数据后，就具备了小数据的掌控能力，可基于数据进行企业内部的管理优化分析。当一个企业掌握了其上下游伙伴（从供应商到经销商）的数据之后，就掌握了中数据，可实现更大范围的连接和协同。但这远远不够，如果进一步延展到全产业链，当可以掌握整个产业链相关生态的数据时，这个企业就拥有了产业级的大数据分析和洞察能力。在产业互联网中，产业大数据是平台的重要资产。如何通过数据要素形成新的生产力，各个产业互联网平台都在进行积极的探索。

3.6.1　行情指数信息发布

　　产业互联网通过连接产业链上下游，实现全产业链的信息打通，将从整个产业链角度掌握比较全面系统的产业大数据，在此基础上，形成一系列产业指数，对于产业的宏观政策制定、市场行情分析、生产经营决策等都具有一定的指导意义，可以引起政府相关产业主管部门、产业上下游企业、研究机构等的关注，所以很多产业互联网平台都提供定期的"产业指数"发布服务，或者提供价格走势、行业快讯、市场分析报告等数据资讯产品，供用户免费或者付费订阅。

案例：卓钢链的数智服务平台

　　卓钢链是卓尔智联成员企业，持续推动钢铁产业链与数据链在交易、服务中的交互赋能，打造钢铁数智服务平台。旗下设立行研团队——黑色研究院，基于平台数万家产业链用户群，打造了一套"卓钢数据、卓钢快讯、卓钢研报、卓钢咨询"等多产品、多维度的资讯数据服务体系，为产业链客户提供市场分析及经营策略参考等解决方案。该平台每月参与调研近400家钢铁生产企业，搜集市场供需信息，发布"中国钢铁PMI（Purchasing Managers' Index，采购经理指数）指数"，包括新订单、出口订单、生产情况、产成品库存、原材料库存及价格等指数数据，并形成以平台交易数据、市场动态信息汇集为基础的即时、客观、高效的行业数据体系——"卓钢指数"，为产业链用户提供全面、及时、有效的数据信息服务。此外，根据长期沉淀的产业一手数据，结合宏观、货币、金融期货等产业关联数据体系，独家开发"卓钢数据"掌上APP应用，重点面向产业端交易用户，提供产业定制化数据应用，为客户判断市场波动变化、控制经营风险提供关键数据支撑。

3.6.2　行业知识经验数据化

产业互联网是一个产业级的赋能平台，要想通过平台将大量的行业Know-How（技术秘诀）进行标准化、数据化，以降低使用门槛，或者通过人工智能实现自动化、智能化，就要将过去靠有经验的老师傅开展的工作进行知识颗粒化和格式化的解析，实现行业知识经验的数据化和智能化，并通过产业互联网平台向产业链上下游中小微企业进行应用推广和赋能。

案例：哈勃智慧云平台

汉帛国际集团有限公司致力于打造最具影响力的时尚产业服务商，通过哈勃智慧云平台，结合大数据技术和产业平台概念，形成服装产业数字化赋能平台。

哈勃智慧云由智造云、行业云、时尚云和文化云组成：智造云服务于生产端，通过生产数据、工艺工序的数字化，帮助制造厂商优化生产流程，提

升质量，提高生产效率；行业云对接订单主和制造厂，通过积累各方数据来促进上下游精准匹配；时尚云对订单进行数字化，为客户提供拆解的、菜单式的设计服务，将"服装设计——确认订单——制造询价"的过程进行可视化和标准化；文化云则对接文化时尚潮流，为整个行业创造更优质、更高端的订单与机会。

哈勃把汉帛多年的生产经验颗粒化、标准化，通过数字化的方式提取并赋能给供应链中的更多订单主、面辅料供应商、中小制造厂商。例如，在非标准化的工艺上，哈勃将"老师傅"多年的缝制经验导入，将服装的廓形、品类、裁片、车缝、包边等技术细节一一拆解，数字化地设定可操作范围。面对非标准化的原料，原来的面料核检和排列都依赖"老师傅"的火眼金睛，靠人工来识别面料质量、统一面料花型。哈勃则研发用机器视觉来检测面料，代替人工识别花型、测试缩率、记录瑕疵点，进而加快核料环节。智造云通过建立立体的服装工艺数据库，将纷繁复杂的技术、工艺和工业工程经验进行标准化、代码化，使之成为行业内的"通用语言"，赋能中小制造商。哈勃用数据化把行业内的技术秘诀传授给缺乏技术能力的中小厂商，让中小厂商敢于接单，能够接单，也促进小订单与适当产能的匹配。

3.6.3　精准营销客户拓展

基于产业互联网平台的大量需求端数据的积累，传统的营销模式将彻底改变。

一方面，平台自身的精准营销能力加强。通过基于数据化的用户运营，结合用户的旅程图分析和历史交易信息积累，将不断形成 360 度的用户画像，使平台可以不断掌握用户的购买习惯、购买偏好和购买频率等，从而将过去的大规模营销转变为基于用户个性化需求洞察的精准营销推送，或通过线上线下结合的方式推进营销转化。如某产业互联网平台会结合用户的购买习惯进行相关的产品促销信息推送，并实时监测购物车的情况，对于购物车里的商品停留时间比较久的用户，则会提示相应的营销人员进一步跟进沟通，促进销售转化。

另一方面，将平台的数字化精准营销能力向平台上的商户进行赋能。如一些平台通过提供流量数据、促销工具等智慧营销解决方案，赋能连接到平台上的中小商户，帮助其获取更多的订单和生意，从而促进业务持续增长，提升平台对中小商户的黏性。相关的平台案例很多，在此不再赘述。

3.6.4 供需精准匹配对接

对于工业品等 SKU 数量庞大的产品，通过平台积累形成产业技术标准和产品信息库，通过对客户个性化和模糊的需求进行参数化定义，结合丰富的产品信息库查询，可以帮助客户快速实现供需精准匹配，提升客户采购效率（见图 3-7）。进一步，通过大量客户需求查询信息，可以了解客户端需求趋势，发现供给侧不能满足的新产品需求，从而指导供给侧的新产品研发和产品升级。

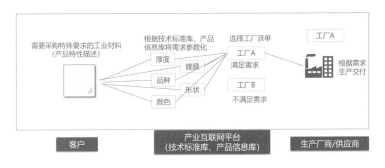

图 3-7 工业品交易的业务场景示例

案例：百布标准化产业数据库

"百布"是国内领先的成品布交易平台，一站式提供面料交易、仓储物流、纺织行业科技金融解决方案服务。

面料交易市场空间巨大，但存在非标化程度严重、市场信息不透明等问题。成品布面料的种类多且复杂，有针织、梭织、颜色、纹路、成分比例、克重、密度等的差别，失之毫厘，谬以千里。如果按照传统"以布找布"的形式，需要花费很多时间，且有可能耗费大量精力还找不到想要的面料。百布针对面料流通"找布难"的痛点，对面料进行信息化、标签化，通过独创的八维八级分类法，在行业内建立齐全的标准分类信息库，并引入图像检索技术，通过"AI+大数据+智能硬件"技术手段，能够更高效地对布料参数进行数字化识别，一改过去线下一家家档口"以布找布"的旧模式，实现更高效、快速、准确地找布。

对于布料识别的难点，首先通过"对布机器人"，把布料样布放在设备底下即可进行扫描和记录参数，然后快速匹配百布的标准化数据库，进行服装面料识别，将以前需要耗时好几天的找布流程缩短到几分钟，让客户可以更好、更快地找到面料。此外，百布还提供质优、量足、交期稳定、持续供货能力强的优质找布体验，进而为下游服装生产制造企业提供良好的面料供应服务。

3.6.5 智能预测分析与风险预警

大数据不仅可以对过去的历史过程进行分析优化，更重要的是对未来的预测分析，从而指导企业更好地进行前瞻规划和布局，并对可能发生的风险进行预警。同时，要想更好地挖掘数据的价值，必须基于产业场景的应用需求，对数据的颗粒度、数据的完备性等进行规划，以更好地支持未来的价值发掘和分析。

案例："运去哪"的一条龙服务

"运去哪"是一站式国际物流在线服务平台，以"为简化航运而生"为发展愿景，提供全程可视的跨境供应链物流一条龙服务。

在对外进行数据赋能的过程中，除了常规的船期、运价、物流追踪等信息外，运去哪一直致力对于不同数据交叉价值的发掘，以实现更好的服务效果。

由于各种因素的限制，船公司提供的船期表平均误差高达 40 小时（远洋＋近洋平均值）。影响船舶到港时间的原因非常复杂，天气、塞港、季节以及船公司的指令等都可能成为重要因素。虽然有了卫星 AIS（一种船舶定位技术），可以追踪船舶航行轨迹和实时动态，但由于 AIS 报文中显示的 ETA（预计到达时间）由船员填写且管理不够规范，准确性问题严重，往往不可用，而当前船舶位置的显示对于只想了解未来准确 ETA 的货主而言帮助不大。

针对船期数据不准的问题，平台推出"船期云"工具，通过 AIS 数据系统，经由算法模型，获取船舶和港口的静态数据，包括船舶大小、TEU（集装箱计量单位）量、类型、港口 TEU 量和港口归属航线等属性；根据历史的船舶进出港口时间计算出一些统计性特征，如历史港口的吞吐量、船只未来到达的天数，还有船舶航行的平均速度等；同时配合必要的数据清理，进行船舶电子围栏泊位的预测与船舶进出港时间数据预测，形成精确的船期进港、停靠、延误信息，方便货主及时处理货物的运输排期。另外，算法模型经过反复训练形成了自我学习模式，将利用历史的检测数据丰富数据体系，不断提高未来检测的准确性，给货主及货代企业精准度更高的船期表。

◆ 3.7　平台服务之人才服务

对于现代化产业体系的建设，产业人才的培养和提升是关键。一方面，产业

的创新发展和各类新技术、新模式的不断涌现，要求产业中的人加强终身学习；另一方面，产业实践的快速发展对传统的高等教育提出新的要求，要求打破象牙塔，面向产业需求进行应用型人才的培养。因此，需要打造产教融合模式的产业人才培养平台。

3.7.1 以产业需求为导向的人才培养

2017 年 12 月，国务院办公厅印发了《国务院办公厅关于深化产教融合的若干意见》（国办发〔2017〕95 号），提出促进人才培养供给侧和产业需求侧结构要素全方位融合，面向产业和区域发展需求，完善教育资源布局，加快人才培养结构调整，创新教育组织形态，促进教育和产业联动发展，为加快建设实体经济、科技创新、现代金融、人力资源协同发展的产业体系，增强产业核心竞争力，汇聚发展新动能提供有力支撑。

2019 年 2 月，中共中央办公厅、国务院办公厅印发《加快推进教育现代化实施方案（2018—2022 年）》，提出构建产业人才培养培训新体系，完善学历教育与培训并重的现代职业教育体系，推动教育教学改革与产业转型升级衔接配套。

2019 年 3 月，国家发展改革委和教育部印发《建设产教融合型企业实施办法（试行）》（发改社会〔2019〕590 号），指导各地开展产教融合型企业建设培育，鼓励支持企业多种方式参与举办教育，深度参与"引企入教"改革，发挥企业办学重要主体作用，建立以企业为主体的协同创新和成果转化机制。

2020 年 7 月，教育部办公厅、工业和信息化部办公厅联合发布关于《现代产业学院建设指南（试行）》（教高厅函〔2020〕16 号），明确经过 4 年左右的时间，以区域产业发展急需为牵引，面向行业特色鲜明、与产业联系紧密的高校，重点是应用型高校，建设一批现代产业学院。引导高校瞄准与地方经济社会发展的结合点，不断优化专业结构，增强办学活力，探索产业链、创新链、教育链有效衔接机制，构建高等教育与产业集群联动发展机制，打造一批融人才培养、科学研究、技术创新、企业服务、学生创业等功能于一体的示范性人才培养实体。

2021 年 7 月，为深化产教融合的决策部署，促进教育链、人才链与产业链、创新链深度融合、有机衔接，国家发展改革委、教育部联合公布产教融合型企业和产教融合试点城市名单，认定了 63 家国家产教融合型企业和 21 个国家产教融合试点城市，后续将组织相关企业和试点城市优化完善产教融合整体工作方案，细化工作任务，发布年度报告，及时公布工作经验、典型案例、取得成效等，切实发挥示范、引领作用。

这些国家政策的出台，明确了新时代教育改革的方向，即从产业端和教育端两端发力，打造以产业需求为导向的人才培养平台，以产业人才需求侧拉动人才培养供给侧，实现产业人才供应链的优化提升。

3.7.2　打造产业级的人才培养平台

围绕新时代产业教育的改革趋势，西利企源提出产业大学的概念和架构（见图 3-8）。产业大学以整个产业转型升级，打造现代化产业体系为核心目标，打造产业级的人才培养赋能平台，提供产业供应链各环节的专业能力提升和综合能力培养；以产业大学治理委员会整合产业链生态资源为产业人才发展提供方向指导和专业赋能；以产业人才评价认证体系建立以产业需求为导向的人才培养标准和人才能力评价认证；以产业大学的运营体系有效支持产业大学运作和长

图 3-8　产业大学架构

期可持续发展；以数字化平台为支撑，实现产业知识和能力的沉淀、实时化的学习成长和评估认证。

1. 产业大学的特征

（1）产业需求导向。从整个产业转型升级和关键岗位人才需求角度进行产业大学规划设计，推进产业链、创新链、人才链的协同发展，打造产业人才高地，支撑产业链的转型升级和高质量发展。

（2）产业生态协同。通过产业大学治理委员会，连接产学研相关智库和产业生态资源，打造开放创新的交流学习平台，促进学员交流合作、资源共享和开放创新。

（3）教育资源共享。产业大学将面向区域产业集群、产业链上下游企业、产业园区等搭建人才培养的共享服务平台，实现优质教育资源的共享，降低单个企业的培训成本。

（4）终身学习支撑。产业大学将解决高校/职校毕业后的职场人士的终身学习问题，更加面向实战，更加契合岗位人才需求，通过学分银行建立产业人才评价认证体系，支撑终身学习和成长提升。

2. 产业大学和企业大学的区别与联系

和传统的企业大学相比，产业大学主要有以下不同。

（1）从服务范围来看，企业大学主要服务于企业内部，而产业大学强调全面整合产业生态资源，为整个产业链进行人才赋能。

（2）从战略定位来看，企业大学主要关注课程和培训项目，而产业大学强调产业级的人才培养和认证，形成产业人才供应链，提升人才配置效率。

（3）从运作模式来看，企业大学更多的是企业内部的成本中心，而产业大学作为产业级的共享赋能服务之一，通过知识付费模式，可以获得一定的收益。

越来越多的大型央国企和产业核心企业提出打造产业生态圈的战略转型，将企业大学作为战略支撑和人才梯队建设的重要载体，在过去积累的各层级人才培养和发展的经验基础上，将其核心能力进一步向产业链上下游开放，探索从企业大学向产业大学的转型，这将成为一种趋势。

3. 产业大学的建设主体和价值

产业大学的建设主体可以是由产业互联网平台型企业、产业核心企业、区域政府、产业园区、行业协会、高校等任何一方发起或者牵头，并联合其他各方资源进行共建的。

对于产业互联网平台型企业来说，发起或者参与建设产业大学，可带来以下价值和收益。

（1）客户价值。人才培养是比交易、结算等硬交互更容易切入，更容易产生情感纽带与信任基础的软交互。通过人才培养服务，产业互联网平台企业将与产业链上下游客户建立高频交互，帮助其转变认知，建立信任，形成黏性，也将为产业互联网平台企业带来新客引流，增强老客黏性，提升其平台口碑，打造平台的产业影响力。

（2）经济效益。产业人才培养服务可以成为产业互联网平台企业新的增值服务，通过帮助产业链上下游进行知识服务，获得直接的经济收益。

（3）社会效益。产业大学的建设对区域政府、产业、产业上的企业、产业上的人都将产生价值和效益。产业大学能帮助区域政府实现产业人才集聚，提升就业；帮助产业新旧动能转化，实现高质量可持续发展；帮助产业链上的企业经营管理能力提升，实现业绩增长；帮助产业从业者能力提升，获得职业发展；同时基于数字化平台将形成稳定可持续积累的产业知识体系，加强产业互联网平台的赋能能力和核心竞争力。

3.7.3 产业大学的实施路径

产业大学的建设发展可按照成熟度分为三个阶段：初级——产业级人才培养、

中级——产业级人才标准与认证、高级——产业级人才供应链。

1. 产业级人才培养

面向产业链上下游人才培养需求,产业大学在初级阶段可以先通过需求调研,从产业上的紧缺人才或者需求比较迫切的培训内容切入。

首先,沿着产业供应链,对产业从业者进行各环节专业技能的培养,比如针对农业产业链种植端农户的科学种植方法的培训,针对技术工人的新型工艺培训,从供应链管理视角的品质保证、供应保障及风险管控能力培养等。这类培训课程可以侧重线上培训模式,需要进行线上培训课程的开发创新,通过场景化、案例化、视频化甚至游戏化等手段,满足用户实时化、碎片化的学习要求,并提升培训的实战性和趣味性。

其次,关于新产业/新技术/新金融/新平台的产业创新能力的培养,帮助产业从业者掌握产业发展的新趋势,结合产业场景的新技术应用、供应链金融的应用,以及产业互联网平台的流程和一系列共享功能的使用,帮助产业从业者提升认知,加强和产业互联网平台的连接与协同。

最后,关于经营管理能力的提升培养,以解决企业经营管理问题为导向,以实战化的行动式学习为方法,帮助产业链上下游企业有效提升市场经营能力,获得业绩增长;提升内部管理能力,实现企业内部的精益化运营。只有通过培训帮助产业链上下游企业获得切实的收益,产业大学才有持续的生命力。

2. 产业级人才标准与认证

在产业人才培养的过程中,需要不断推进产业级人才评价标准和认证体系,实现产业人才培养的系统化。从产业转型和持续发展的目标需求出发,对产业人才进行科学分类,明确各类人才的能力标准和学习成长地图,建立能力评价和认证体系。同时建立产业大学的学分银行,实时反馈产业人才培养的进度和效果,推进产业人才的持续学习和终身学习。以产业需求为导向,以学习者为核心,以持续学习能力培养为抓手，形成"测评——推送——认证"的闭环，为产业中的人才提供一条清晰的学习成长路径（见图3-9）。

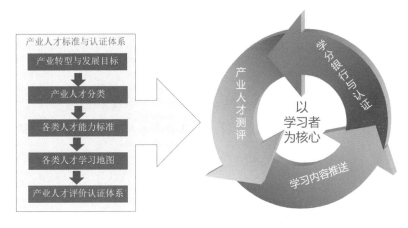

图3-9 产业人才标准与认证体系

3. 产业级人才供应链

在产业大学发展的高阶阶段，要通过建立产业人才大数据平台，打造产业级人才供应链（见图3-10）。通过产业链人才盘点和紧缺人才目录梳理，促进产业

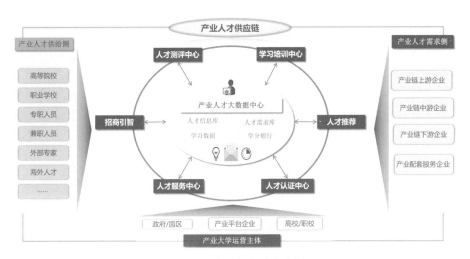

图3-10 产业级人才供应链

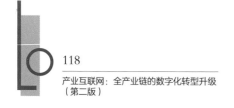

人才的供给侧结构性改革。一方面指导产业大学的培育体系优化，加强对于紧缺人才教育培训的有效引导，加强和高校以及其他培训机构的合作，进行订单式人才培养；另一方面，结合人才的培训学习情况，匹配企业端的需求，对人才进行精准推荐，提升产业人才的配置效率。

3.7.4 产业大学的实践推进

从目前产业大学发展的实践来看，大部分产业大学还处于初级阶段。一方面是源于经济下行的影响，大量企业更关注短期的收益，对于人才更习惯"来之能用"的引入策略，而鲜有长期主义的人才培养；另一方面，产业大学涉及产业和教育两个领域，需要既懂产业发展趋势和实际需求，具有一定的产业技术门槛要求，又能够和人才培养教育相结合的专业管理运营团队。

以下我们选取了两个比较有代表性的、不同发展背景的产业大学相关先行实践案例，希望能给正在进行相关布局和规划的组织以借鉴。

案例：爱锐学苑——工磨具产业人才培养赋能

国机精工是中国机械工业集团有限公司在工磨具、轴承板块的精工业务发展平台。2018 年，国机精工启动了工磨具产业互联网转型，一方面以"爱锐网"为支点打造工磨具行业 B2B 电商平台，形成以国机精工为核心的精密工业生态系统；另一方面，将成立于 2016 年、服务于集团内部的爱锐学苑进一步向行业开放，面向工磨具等制造企业提供产业人才培训服务。

爱锐学苑通过"内部扎根、外部成长、系统推进、持续深化"的运作模式，确定了"内部实践先行、行业服务拓展、生态平台建设"三步走的发展构想。

第一步（2016—2018 年）：基于国机精工人才培养的需求，构建企业学习平台，探索具有自身特色的人才培养、管理提升的运行模式；逐步建立起课程体系、讲师体系和运营体系的人才培训体系，成为国机精工的爱锐学苑。

第二步（2019—2020 年）：以国机精工及事业合伙企业为中心，为行业上下游客户提供人才培养服务，成为供应链整合的爱锐学苑。

第三步（2021 年至今）：以行业管理提升、转型升级需求为重点，推进行业学习培训平台建设，为行业提供全方位的管理提升服务，增加平台社群黏性，构建行业管理提升生态圈，创造新的经济增长点，成为行业的爱锐学苑。

作为服务于行业的人才培养平台，爱锐学苑在整个人才培养体系建设方面突出以下特色。

一是业务需求导向的课程设计。根据工磨具企业业务板块需要，面向关键岗位人才开展生产管理、科技管理、市场营销、质量改善等专业类培训，面向专业技术人员提供"磨料制造——磨具制造——产品应用——行业前瞻"等专题培训，以及面向高管和中基层各梯队管理人员的转型提升培训。

二是立足解决实际问题。爱锐学苑依托国机精工及相关合作伙伴的实业资源，拥有自己的科工贸实体企业经营实践基地，以及丰富的实践教学资源。以"实战、实效、落地"为导向，立足生产、研发、营销一线前沿，把人才培养与解决业务短板问题深度融合。

三是生态资源的全面整合。爱锐学苑联合国家磨料磨具质量监督检验中心、超硬材料磨具国家重点实验室、中国机床工具工业协会磨料磨具分会、涂附磨具分会、超硬材料分会等，共同搭建学习、发展、融合平台，实现学员间资源共享，共建行业协同交流圈。通过整合行业专家资源，成立"爱锐网工磨具专家委员会"，为学苑发展提供重要智力支持。

案例：西浦慧湖药学院——中国药谷的人才链建设

生物医药是当今世界最具成长性的新兴战略产业之一。苏州提出要将生物医药作为"一号产业"来打造，力争十年内集聚企业超万家、产业规模破万亿。如何孵化世界一流生物医药国际创新生态，打造世界级的生物医药产业地标？2020 年 11 月，苏州工业园区管委会联合西交利物浦大学共建西浦慧湖药学院。

西浦慧湖药学院以促进产业战略为导向，将发挥大学"黏合剂"和"发酵剂"角色，围绕教育、科研和社会服务三项大学的核心职能，探索融合式创新实践，携手各产业生态要素，构建药业的产教政社融合的创新生态（见图 3-11）。

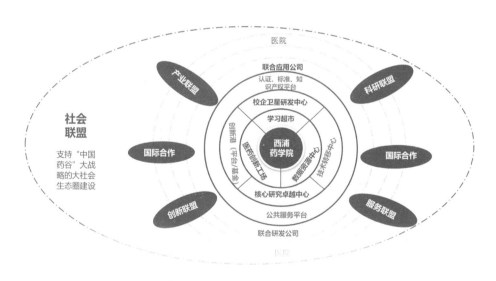

图 3-11　西浦慧湖药学院——打造医药生态系统

这是一个颠覆传统模式的学院，通过将学校的人才培养、基础研究、领域专家、分析测试、国际网络与政府和产业的需求相对接，建设可共享的药物分析检测中心；再通过政府支持和企业合作，建设国家技术转移中心、国际创新港、生物医药产业发展研究院、知识产权／标准平台等一系列的公共服务体系，以支持校企融合、共享与合作、企业联盟等；再进一步，合作成立基础研究中心、共享研发设施、企业卫星研发中心、相关研究机构，此外，还要与医院合作，成立联合应用公司等；最终形成产业、研究、创新、服务、国际合作等一系列联盟，构成一个以大学、产业、政府、社会相融合的药业产业生态。

这个生态创建一年多，发展迅速。在人才培养上已经有4个本科专业、3个硕士专业和研究方向、3大博士重点研究方向、4大类非学历教育，明确了新型治疗药物与方法研究、人工智能和药物研发、临床医学等三大基础研究领域，构建了以长三角为主的核心药企参加的产业联盟，形成了产业关联、融合创新及国际化的新型教育、创新、研发和生产的药业发展生态。

本章小结

产业互联网转型，一方面需要了解分析大量产业互联网平台失败和成功的原因是什么，从而避免风险，少走弯路；另一方面需要通过顶层规划，明晰其整体架构，建立产业互联网的发展蓝图。

本章首先从大量平台运营不佳的原因分析入手，提出产业互联网的核心是打造产业链的集成服务平台，围绕产业发展痛点，面向产业上下游提供有价值的服务。"交易是结果，服务是原因"，只有真正有价值的服务，才能增强客户黏性，促进平台的可持续发展。进一步，提出平台构建的三大基础和五大类服务内容。

供应链服务是产业互联网平台最基础的服务。通过对产业供应链不增值环节的简化优化，以及采购、仓储、物流等领域的集约化，实现产业供应链的降本增效。

技术服务是推动产业链高端化发展的重要支撑。只有通过大量的产业技术升级和数字化技术赋能，提升产业生产力，提升产品服务的品质，才是真正的产业升级。

金融服务是保障产业链健康运转的基础配置，但是供应链金融的开展必须依靠强大的供应链管理能力和数字化技术风控能力。

数据服务在产业互联网发展中将承担越来越重要的作用。平台的运行将有助于积累大量的产业大数据，如何利用好数据资源，使其成为能够转化为生产力的数据要素，成为能够提升平台价值的数据资产，是产业互联网平台从成长到成熟阶段发展的重要课题。

人才服务的核心是打造产业链、创新链和人才链协同发展的产业创新生态，通过产业大学形成产业级的人才培养赋能体系和产业人才供应链，需要产业、政府、高校等多方的融合创新和协同共建。

第四章
产业互联网的转型实施

产业互联网的构建需要具备哪些前提和基础？产业互联网轻型需要从哪些地方进行切入？具体的发展路径是什么，如何有效地进行转型推动？如何形成长期可持续发展？本章将从这些问题入手，帮助你一步步推进产业互联网的转型实施。

◆ 4.1　构建产业互联网的前提和基础

产业互联网是否适合所有产业？具备哪些特征的产业适合构建产业互联网？如何在产业互联网时代的"跑马圈地"中胜出？需要掌握哪些关键资源？有哪些核心能力要求？在开展产业互联网转型之前，我们要先按照下面的内容做一下评估。

4.1.1　构建产业互联网的前提条件

构建产业互联网需要符合以下三个前提条件。

1. 产业规模和发展空间巨大

评估一个产业是否适合打造产业互联网平台，首先要对产业链进行清楚的定义，并详细分析其市场容量和布局。比如农粮产业，肯定是一个数万亿的市场，但是这个领域太大，不着边界，因此需要再进一步聚焦到细分领域，如可以从玉米这个品类切入，或者大豆等其他品类。每一个细分品类的产业链特征和区域布局都是完全不同的。另外，如果一个细分产业只有几个亿的规模，没有规模效应，那么很容易达到天花板，这就要考虑未来这个产业有没有其他的可延展性。

2. 产业参与者众多，市场份额分散

产业越分散，通过互联网进行连接和整合的空间越大。比如区县产业集群，在一个区域内有大量从业者，同质化严重，内部竞争激烈，因此这类产业必须进行产业互联网转型；又如婴童产业容量有 2 万亿，但做婴童产品的企业，产业容量过 10 亿规模的很少，绝大多数都是中小微企业，所以产业互联网整合的空间就很大。另外，也要看这个产业有没有法律特许经营限制，法律特许经营限制的产业是不适合建立开放的产业互联网平台的。

3. 产业链效率低，成本改善空间大

随着内外部环境和市场的发展，实体产业链上突出的痛点需求已难以通过传统的方法得到满足，必须通过互联网新的模式进行突破和创新。越是痛点明显的产业，推进产业互联网变革的紧迫度越高。

另外需要补充的是，在我国的一些大型央企国企，旗下有很多各级控股或参股的子公司，业务基本涵盖全产业链。这些各级子公司虽然有股权治理的纽带，但是彼此独立各自作战，在价值链之间没能有效地衔接和打通，业务交叉或者存在同质化竞争，大而不强，没有形成协同效应。因此，也需要借助产业互联网的思维去进行全产业链的价值链重构和数字化转型，打造新的产业生态体系。

4.1.2 打造产业互联网的关键资源需求

打造产业互联网，需要不断发展和连接以下的关键资源。

1. 客户资源

产业中的龙头企业，或者已经在产业中多年经营的服务商，已经拥有相对成熟的客户群体资源，具有良好的客户口碑，形成了一定的客户间的信任关系，这对产业互联网平台的启动发展是非常有利的。

2. 人才资源

产业互联网的推进，需要既懂产业又懂金融，既具备产业链视角的问题洞察分析又兼具对互联网新技术的理解应用，这样的复合型人才在每个产业中都是稀缺的。尤其是随着各领域产业互联网的发展，会出现大量的人才缺口，因此结合产业需求，进行产业互联网与供应链金融的领军人才培养，以及能够为产业链上下游进行人才培养和赋能至关重要。

3. 政策资源

产业互联网与区域经济发展关系紧密，特别是区县产业集群的产业互联网。因此，产业互联网的建设要充分考虑区域产业的规划和相关的产业政策，依靠政府的政策引导，获得资源配合和必要的资金投入的支持。同时，区域政府通过投入也会得到更多的税源拓展、产业升级、经济增长、产业集聚等回报。

4. 金融资源

为产业链上下游提供供应链金融服务需要稳定低成本的资金资源。在平台运作早期，由于缺乏模式风控验证以及数据积累，因此从银行等金融机构获得低成本资金是比较难的，很多平台企业在供应链金融运作之初，需要通过注册资本金或者以国有/上市公司股东背景背书来获得早期的供应链金融资金。随着供应链金融业务模式的逐步成熟和规模化，则需要进一步与外部金融机构合作，以获得资金支持。

5. 技术资源

产业互联网平台除了金融普惠，同样承载着技术普惠的产业升级目标。这些技术不仅包括各类物联网、云计算、大数据、人工智能、区块链等互联网新技术应用，同样包括产业中的技术创新，比如冷链运输中的食品保鲜技术、各产业中的技术质量检测技术等。技术创新应用能够改造传统产业链，大幅度提升传统产业的效率。

4.1.3 打造产业互联网的核心能力要求

产业互联网的发展需要不断夯实和积累产业洞察、资源整合、平台赋能、技术实现、运营管理、创新与风险把控等方面的核心能力。

1. 产业洞察能力

互联网企业转型做产业互联网往往很难成功，关键就是缺乏对产业的深度洞察，以及对产业与互联网如何融合发展，以产生增值价值的深层理解。成功运作产业互联网的产业家大多数来自实体产业，对产业链上下游的痛点理解、价值诉求、利益诉求、运作规则更清晰，从而可以选准切入点，确保平台发展选择正确的路径。

2. 资源整合能力

资源整合能力是产业互联网平台能够获得快速发展的关键。产业中的龙头企业、上市公司，或者行业协会中的领头企业，发展产业互联网比较容易成功，因为其在产业中的地位使它们有更好的资源整合能力。

3. 平台赋能能力

产业互联网平台要对所有参与主体赋能，其核心就是让参与主体在这个平台上获得比自己单打独斗更快的能力提升。而赋能的基础是产业链流程的优化再造、产业大数据的沉淀、产业相关知识库的积累、产业人才的培养等。

4. 技术实现能力

产业互联网的领导者多数来自实体产业，很多平台的技术实现都依靠来自互联网技术行业的人员，在进行产业互联网平台 IT 系统建设时，两者较难融合。

完美的规划方案有赖于技术的真正落地实现，怎么把产业中精细化的流程和标准规则、供应链金融产品风控设计等用 IT 系统落地实现，并获得良好的用户体验，具备产业场景下产品服务设计能力的产品经理，是产业互联网平台型企业需要打造的核心团队之一。

5. 运营管理能力

卓越运营是平台保持长久竞争力的核心。产业互联网不是流行的商业概念，回到生意的本质还是更低的成本、更高的效率、更好的品质，以客户为中心，为客户创造价值，并落实到产业链上的产品品质保证、供应交付保障、客户服务体验等。平台是否盈利和能否建立壁垒，最终还是要靠精细化的流程设计和运营管理能力。

6. 创新与风险把控能力

产业互联网的发展是一个持续迭代创新的过程，但是创新往往有风险，所以创业团队既要创新，又要管理风险，在不断的试错和风控中，螺旋式上升发展。

如何快速形成以上能力，企业在评估自身现状和能力的基础上，可通过更多的连接来整合外部资源，开展互补合作，以战略合作或者战略投资购买能力来补齐短板，从而获得产业互联网快速发展的先发优势。

◆ 4.2　产业互联网转型的机会分析

每一个产业的特性不同，产业链的状况不同，痛点不同，解决问题的方法也是不同的。不同产业的分布、结构、规模、痛点的差异决定了产业互联网解决方案的差异。产业互联网的转型方案设计，首先要考虑产业所在的区域分布和结构、区域配套的产业基础、产业发展规模和产业发展现状，然后再去深度了解和分析产业的痛点。这样的产业互联网才是接地气的、可持续的。

对产业互联网转型的机会分析，首先要对产业链有完整清晰的认知，具体如下。

（1）产业价值链环节分析。产业链由哪些环节构成？其价值创造和价值传递过程是怎样的？

（2）产业链主体和结构分析。在产业链上的每个环节有哪些类型的参与主体？这些参与主体是大企业还是小企业？是分散还是集中？

（3）行为和特点分析。在产业链上下游各环节的商流、物流、信息流、资金流是怎样的？其业务流程和运作有哪些规则和特征？

（4）现状痛点分析。在产业链上的每个环节存在哪些痛点？这些痛点的解决往往就是产业互联网转型切入的机会。

产业互联网的目标是解决产业的痛点，而痛点存在于具体的场景之中。所以，要想让产业互联网有实效，必须基于自下而上的场景需求来分析问题和解决问题。产业互联网的场景，就是产业底层的从业者做事的方式、遵循的（潜）规则、产业中企业间合作存在的共性需求以及系统性的难题。聚焦解决这些场景中存在的问题，就是产业互联网的价值所在。

案例：线缆产业链分析示例

见图4-1，从线缆产业链的构成来看，上游的原材料端主要包括铜杆、铝锭、PE和PVC等大宗商品，其中PE和PVC主要是用于生产线缆的高分子材料。线缆由高分子材料和铜、铝再一起生产，形成电线、电缆，卖给下游的电力、能源、石油化工、交通运输和通信行业客户。所以，我们看到这个产业链是一个典型的、两头大而中间小的结构，也就是上游原材料端以大宗商品为主，下游是大型企业客户为主，都有较强的议价能力，而在产业链中间环节的线缆料生产企业和线缆生产企业均处于"小、散、弱"的状况，有较强的痛点。

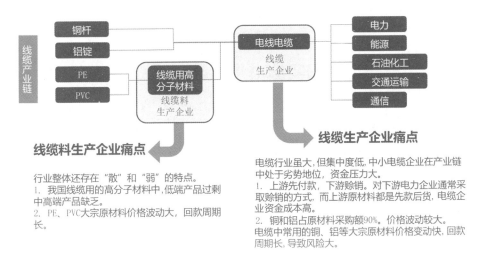

图 4-1 线缆产业链分析

1. 线缆料生产企业的痛点

（1）我国线缆用的高分子材料中，低端产品过剩，中高端产品缺乏。

（2）PE、PVC 大宗原材料价格波动大，回款周期长。

2. 线缆生产企业的痛点

电缆行业虽大，但集中度低，中小电缆企业在产业链中处于劣势地位，资金压力大。

（1）上游先付款，下游赊销。对下游电力企业通常采取赊销的方式，而上游原材料都是先款后货，导致电缆企业资金成本高。

（2）铜和铝占原材料采购额 90%，价格波动较大。电缆中常用的铜、铝等大宗原材料价格变动快，回款周期长，导致风险大。

根据 4.1.1 构建产业互联网的前提条件的分析，电缆产业是一个万亿容量的市场，线缆料生产企业和线缆生产企业分散，痛点明显，因此具有很大的产业互联网平台发展的机会，通过线缆产业互联网平台的在线化交易闭环，

实现供应链金融服务是一个较好的切入点。

◆ 4.3　产业互联网实施推进策略

产业互联网转型是一项"长坡厚雪"的事业，即首先需要选择一条长长的坡（产业赛道和远景的规划），然后在实践中通过不断演化、试错，逐步推动产业互联网的雪球越滚越大。在这个过程中，需要规划与演化相结合的推进策略，需要六位一体的资源整合策略。

4.3.1　产业互联网推进中的规划与演化

在大量的产业互联网实践中，我们发现规划与演化缺一不可。如果只有自上而下的规划，就缺少来自各层的创新。单个主体的规划，仅靠自己的力量，没有把"演化"运用起来，就会缺少多方资源的共创。并且一份只有顶层设计的规划报告，往往缺少落地效果。但如果只重视演化，一味地自下而上，往往会比较细碎、零散，缺乏顶层设计的战略指引，而且各个主体分散试错，没有形成合力，一旦碰到挫折，因为缺少共识，就容易走向失败，难有引领性的重大成果。所以，产业互联网的推进是规划与演化的双螺旋。规划具有一次成型、内部性强、自上而下等特点，而演化则注重持续演进、内外部共创、自下而上。

产业互联网是生态时代的产物，是要在产业中构建跨公司、跨领域的产业开放新生态，横向涵盖的范围更广，涉及的利益主体更多元化，转型变革的复杂度也更大，就像设计建造一座跨海大桥、一艘航空母舰，难以"毕其功于一役"，往往在做好整体规划后，需要先找到一个最优切入点，后续在每个阶段根据情况和形势，自下而上，内外并济，做好演化，一步一步地、分段地持续打造。

席酉民教授的和谐管理理论给出了我们规划与演化的具体实施思路。

（1）结合环境变化、未来趋势与产业情境等确立产业互联网发展的愿景和使命（规划）。愿景和使命是发展的定位和长远目标，一般具有相对稳定性和战略意义。愿景和使命也承载着产业家的初心。

（2）根据当下的情境辨识和谐主题，和谐是特定时期的阶段性发展目标和要解决的关键问题，需要集中资源进行聚焦突破。

（3）在特定的和谐主题下，通过和则（激发每个参与主体主观能动性的激励机制）与谐则（结合产业场景进行流程和规则的设计和优化）的耦合，根据环境和运行情况不断进行迭代演化。

（4）随着新的发展，进一步识别新的和谐主题，从而形成规划与演化的循环。

4.3.2 六位一体推进产业互联网发展

产业互联网作为产业发展的新型基础设施，需要尽可能整合所有产业相关资源进行共建，这里涉及地方政府、骨干企业、中小微企业、行业协会、金融机构、专业研究/服务机构六类参与主体，需要六位一体来协同推进（见图4-2）。

1. 地方政府

地方政府是区域特色产业互联网的重要推动者与政策资源支持者，也是受益

图 4-2 六位一体，推进产业互联网发展

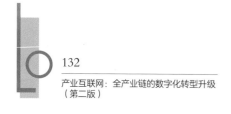
者。围绕区域产业发展规划，地方政府出台政策，推进产业互联网示范项目建设，打造产业互联网创新基础设施，为产业互联网平台提供政策指导、资源支持、产业基金引导等。如果区域有产业龙头企业，可重点对龙头企业进行扶持，鼓励其通过平台开放能力，打造产业级共享服务平台；如果是小而散的区域产业集群，则需要早期先由政府产业引导基金或国有投资平台投资进行产业互联网的顶层设计规划，并进一步引导筹建由政府、行业协会、行业骨干企业等多方利益主体共同成立产业互联网平台的混合所有制公司，推进市场化运作。随着产业互联网规模的持续扩大和盈利能力的提升，区县政府可以收获平台交易带来的税源拓展、税收增加，更多的外部服务企业入驻本地，形成产业升级和产业链聚商招商的吸引力，打造有影响力的特色产业集群品牌等。这些推动产业转型发展的措施可以带动市民、农民增加收入，分享产业链增值，实现地方县域经济、产业经济高质量发展。

2. 骨干企业

产业骨干企业是产业互联网的重要发起者与资源提供者。产业骨干企业可以利用自身的产业资源优势、资金优势、产业整合能力优势，率先成为产业互联网的发起者，依托产业存量优势，通过产业数字化服务一方面向内整合各产业链业务，形成产业协同优势，另一方面向外整合产业链上下游供应链需求，通过数字化解决方案，建立产业链生态圈，实现上下游产业协同。产业骨干企业要充分认识到产业互联网是企业实现跨越式发展的重大机遇，需要实现从企业家到产业家格局的提升，从竞争到竞合，将积累的产业资源和能力优势通过平台开放化，带动整个产业的创新发展，同时实现自身的凤凰涅槃和裂变式增长。

3. 中小微企业

产业链相关中小微企业是产业互联网平台发展的要素需求与供给方，需要积极拥抱产业互联网，通过与产业链上下游协作配套，改变传统购销方式，积极借

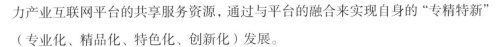

力产业互联网平台的共享服务资源，通过与平台的融合来实现自身的"专精特新"（专业化、精品化、特色化、创新化）发展。

4. 行业协会

行业协会往往发挥着行业治理、自律和协同发展的重要作用，也承载着行业繁荣发展和转型提升的重要使命。在产业互联网建设中，行业协会是产业互联网平台建设的联结者与服务者 / 发起者。行业协会发起、推进和扶持产业互联网平台的发展，并通过产业互联网平台中的技术应用、交易规则、标准推行等规范产业治理，提升行业管理水平。这里要注意，以联盟、行业协会众筹模式发起的产业互联网平台，在公司的治理架构上要明晰责权，有清晰的责任主体，避免人人有关、人人无责、难以达成共识等状况而导致平台发展缓慢。

5. 金融机构

金融机构是产业互联网平台发展的重要资金资源提供方，也是中小企业与产业互联网平台进行合作的黏合剂。金融机构需要改变传统金融服务模式，通过与产业互联网平台合作进行金融服务创新。产业互联网平台的供应链服务以及交易流程的数字化、标准体系、信用体系的建立，为金融机构在产业互联网平台的金融赋能提供了便利条件。金融机构将以产业互联网平台的产业大数据和信用体系为基础，开展基于在线真实交易的供应链金融服务，以金融切实赋能实体产业，实现普惠金融目标。

6. 专业研究 / 服务机构

专业研究 / 服务机构是产业互联网人才培养与平台创新的重要支持者。产业互联网的建设是一个复杂的系统工程，需要充分结合产业的特点和现状，持续迭代。专业研究 / 服务机构是产业互联网发展不可或缺的专业服务与智库机构，通过研究，总结产业互联网最佳实践和系统方法，帮助产业互联网平台企业做好顶层设计、IT 平台建设和平台运营支持的专业服务，降低试错风险，避免过度投入。

通过先进经验模式的复制，帮助产业互联网平台企业规避发展误区，培养经营与管理人才，保证产业互联网开展的方向正确，路径合理，防止无效投资，实现可持续增长。

◆ 4.4 产业互联网的发展路径

围绕产业互联网发展全生命周期，我们在实践基础上总结形成 FLAGShiP 方法论（见图 4-3），从业务和资本两方面推动产业互联网平台企业实现从 0 到 1，再到 n 的可持续增长和市值提升。产业互联网平台从 0 到 1 是一种突破，使得这个平台能够运转起来；从 1 到 n 是数倍的、可持续的增长。模型中横轴是时间轴，纵轴是平台的质量与市值。质量是平台为产业所创造的价值，市值是平台公司的估值。

FLAGShiP 方法论通过在平台发展的不同阶段提供综合持续服务，"发掘和

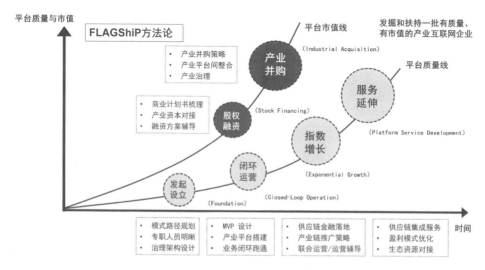

图 4-3 产业互联网全生命周期发展 FLAGShiP 方法论

扶持一批有质量、有市值的产业互联网企业",成为产业互联网领域的佼佼者(flagship)。

4.4.1 平台如何有质量地增长

1. 发起设立阶段

在发起设立阶段,首先需要进行产业互联网平台的模式和路径规划。基于产业链现状调研、产业资源/能力现状评估及相关方的需求收集的基础上对商业模式进行设计。商业模式设计主要包括客户价值、产品定位、核心资源以及盈利模式。具体来说,客户价值指的是你给客户带来什么样的价值,能解决产业链上哪些痛点;产品定位就是指为了解决痛点,为哪些客户提供哪些产品或服务;核心资源指企业具有竞争力和不可替代性的资源有哪些;盈利模式指通过平台如何创造新价值并分配价值,包括收入来源、成本结构、各参与方价值创造评估、价值分配方式等。在商业模式确定之后,要选择并论证平台的切入点和实施路径,所需的关键资源以及资源提供方等。

产业互联网是不同于传统业务的创新模式,需要通过项目化或者公司化模式建立专职团队,专职人员责任明晰。搭建稳定的专职人员团队、设立合理的公司化治理架构以及对产业互联网各参与方建立有效的激励机制,是产业互联网平台顺利运转的基础保障。

2. 闭环运营阶段

闭环运营阶段需要通过 MVP 设计找到产业互联网平台的实践切入点,并进行相应的线上平台搭建,实现线上线下融合的业务流程闭环跑通。

MVP 的选择(见图 4-4)从可规模化和可盈利性两个维度来进行识别和筛选,比如平台提供的某一项共享服务是否可以通过线上化实现快速复制的规模化发展,而且这项服务是否能够帮助客户创造价值并获得客户付费的。通过团队的

图 4-4　产业互联网 MVP 识别与筛选示例

头脑风暴，找出所有可能的 MVP，然后对其进行可规模化、可盈利性的评估，并分析其所需的资源能力和可行性，列出其实施的优先级。

完成 MVP 设计后，就要进行细化流程设计和 IT 实施落地，最终实现业务线上线下闭环跑通，即让端到端的业务流程在线上和线下能够完整地运转一圈。

在闭环运营阶段切忌大而全，避免模式很完美，数据很难看。为了避免大量投入后开发出客户并不真正需要的产品，需要用最快、最简明的方式建立一个可用的产品／服务原型，并与客户进行交互验证，从而保证抓住客户痛点的突破口，实现平台业务从 0 到 1 的突破。

3. 指数增长阶段

平台通过 MVP 设计找到撬动点，通过服务带来的"不可抗拒的价值"推动客户数量的持续增长。比如，平台对于大量资金周转困难的客户提供供应链金融服务，在前期业务闭环的数据积累的基础上进行供应链金融场景设计创新，凭借经过验证的风控模型获得更多低成本的供应链金融资金，从而以供应链金融服务带动在线交易的快速增长。同时，平台建立有效的平台运营体系，并通过有效的产业链推广策略吸引更多的产业链上下游客户加入，实现从 1 到 n 的指数增长。

4. 服务延伸阶段

随着产业互联网平台的发展和客户的增长，可以进一步发展更多供应链集成服务，形成集资讯、交易、结算、金融、物流配送、技术服务、产业人才培养等

为一体的供应链集成服务模式，实现产业链上下游的资源整合、优势互补和协同共享。

随着产业链服务组合的拓展，盈利模式可以进一步优化。通过服务集成，客户产生更多的黏性，平台也能够从服务组合的协同效应中获得更多的利润。同时，新的生态资源连接，进一步促进新价值的创造和生态圈共赢。

4.4.2　平台如何实现市值提升

1. 股权融资

产业互联网的建设和发展阶段都需要大量的资源投入，因此通过股权融资，适时地引入战略资本的力量，可有效推进产业互联网平台的发展和市值提升。

在股权融资中，企业比较关心的是产业互联网公司该如何估值。产业互联网研产投联盟研究专家所在的广证恒生团队对产业互联网企业估值方法给出建议。

（1）早期项目估值。早期项目一般商业模式未确定，凭借产业经验，创始人对于未来发展有大体思路。此阶段估值，首先看标杆。具体做法是可以对标海内外同行，通过与同行各项创业要素的对比获得公司估值；如果公司属于行业首创，商业模式被认可的情况下也可以获得一定估值溢价。其次看天资。在没有对标企业的情况下，考虑所在产业的市场空间是否足够大。对于行业现有痛点的解决程度，市场空间越大，行业痛点越突出，估值越高。同时，产业互联网项目具有一定的服务半径，创业企业所在区域的产业密度是否足够大，如果有 1 000 亿市场空间则足够创业企业发展；是不是龙头企业转型、是否背靠大树，是否有天使客户等都是估值的重要参考。最后看团队。产业互联网属于商业模式创新，未来能否成功取决于资源整合能力、商业模式迭代速度和运营效率，因此，创始人团队在行业内的资源积累、执行能力、是否连续创业等都会成为估值的重要参考。

（2）中期项目估值。产业互联网中期项目的商业模式已经确定，同时，平台流水迅速提高，公司营收和团队规模逐渐扩大，但是仍然处于快速抢占市场的投入期，公司尚未盈利，建议采用 EV/S 估值、PS 估值方法作为参考。

确定估值水平需要考虑三个要素：①平台 GMV 成长性。成长性高的平台获得的估值更高。②交易流水质量。针对不同产业平台，大宗商品类相对交易流水容易做大的平台估值水平较低。③平台黏性及客户价值。交易平台对于客户生产经营非常重要，处于核心位置，而且可以为客户提供多样化的增值服务，该类平台估值较高。

（3）成熟期项目估值。产业互联网成熟期项目的市场竞争地位初步确立，商业模式确定，营收和利润具备一定体量，该阶段企业具备了走向公开资本市场的基本条件，市场集中度的提升成为未来跨越式发展的关键。该阶段企业建议首选市价盈利比率（PE）作为估值方法，兼顾项目成长性，考虑市盈率相对盈利增长比率（PEG）。由于该类企业一般规模较大，一级市场融资逐渐不能满足企业发展需要，建议对标公开市场估值情况，考虑首次公开募股（IPO）。

除了对公司市值进行合理评估之外，如何有效吸引战略投资者，通过商业计划书进行商业模式和投资亮点的梳理，寻找对接相匹配的产业投资者，促进和投资者的有效沟通，都是融资成功的关键要素。

2. 产业并购

产业互联网平台发展到一定阶段，必然出现平台间的并购整合，尤其是能够在产业链上形成衔接和互补关系的产业平台，通过并购，将实现产业链的进一步打通，形成规模协同效应。有效的并购策略、不同产业平台间并购后的整合协同、产业治理机制建设的优化都将助力新的产业互联网平台的市值进一步提升，使之成为行业领导者。

◆ 4.5　产业互联网平台的持续运营

产业互联网的可持续发展离不开平台企业的运营管理能力。对于运营包括哪些方面的工作，以及如何通过运营实现不断增长，我们总结出产业互联网运营的6大维度、12大类、36项工作（见图4-5）。

6大维度运营工作包括面向内部的组织建设，面向外部的资源运营，面向用户的市场运营和服务运营（主要包括产品运营、业务运营），以及面向管理的平台运营。

图4-5　产业互联网平台运营体系

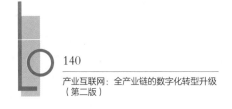

4.5.1　面向内部的组织建设

组织建设的核心是战略运营。面向内部达成共识，对于产业互联网的发展和协同推进至关重要。

通过战略运营，就产业互联网的发展方向、发展定位、发展目标、业务模式、理念价值观在相关的管理团队和利益主体间取得共识，具体包括与产业互联网有关的战略导入与培训工作、与项目配套的组织架构设计与管理体系设计等。

4.5.2　面向外部的资源运营

产业资源的连接和整合是产业互联网的重要工作。资源运营的核心是外部关系运营与资本运营。

外部关系运营包括政策研究、获得政府补贴和税收优惠等外部政策支持、政府关系维护，以及行业关系、合作伙伴关系的建立与维护，以取得政府与产业相关生态资源对产业互联网推进的支持。

资本运营通过融资规划和资本运作，获得资本的助力，持续提升平台的价值，包括资本路径规划、投资管理、融资管理等。引入产业基金等战略投资机构可以加强产业互联网的业务和资源加持。

4.5.3　面向用户的市场运营

市场运营的核心是品牌运营和产品营销推广运营。市场运营以面向外部用户为主，但同时也对组织内部以及平台利益主体产生正向影响。

品牌运营的主要目的是塑造产业品牌，持续建立平台在产业中的公信力和影响力，包括平台品牌策划、品牌传播推广、圈层营销和口碑营销等。

产品营销推广运营主要是对平台推出的各类产品进行营销推广，包括产品内容说明、产品市场推广及培训指导等。

4.5.4　面向用户的产品运营

产品是指产业互联网平台的服务产品。产品运营的核心是平台设计需求运营与持续改善运营。

平台设计是产业互联网面向用户的基本单元，由服务模式设计、服务落地的运营设计、服务实现所需的 IT 功能设计共同构成。完整的平台设计包含五个部分：用户需求、服务模式、运营方案、推进路径、技术功能。产业互联网平台服务绝不是简单的 IT 开发工作，必须首先完成与系统设计有关的需求验证运营，包括平台客户需求验证、业务模式有效性验证、平台功能客户体验验证等，以保证系统真正实现完美的线上线下流程融合与极致的用户体验。

就持续改善运营而言，产业互联网平台必须具备快速迭代的能力，从大的商业模式持续创新到具体系统功能界面、用户体验的改善，使从识别问题 / 机会到改进落实成为一种常态化管理。

4.5.5　面向用户的业务运营

业务运营的核心是线上系统运营、线下业务运营以及客户关系运营。

线上系统运营包含一系列为客户线上服务和流程处理的工作，包括网上交易及支付等业务在线处理、订单 / 交易状态处理、平台系统运营维护等。

线下业务运营包括深入产业客户场景，与客户面对面沟通，对客户进行指导，并获得线下实体业务开展的真实信息资料并反馈，用于平台改进。

客户关系运营方面，实现增长运营的关键是始终围绕客户工作，获得新客户，留住老客户，为客户创造价值。具体的客户关系运营包括客户关系管理与开发、在线客户服务、客户需求及投诉的响应处理、新客户的增量拓展、潜在客户唤醒

及僵尸客户激活、客户体验调查与互动等。

4.5.6　面向管理的平台运营

平台运营的核心是大数据运营与风险管理运营。

大数据运营基于大数据分析，为风险管控和运营优化提供指南，包括各类销售数据和竞争力分析、客户分布及行为分析、市场分析、同行数据对比分析、销售计划及客户预测分析、数据分析结果动态展示等。在平台发展过程中，大数据运营有助于逐渐形成稳定的、可积累的经营分析架构。

就风险管理运营而言，平台运营中的风险监控，尤其是供应链金融的风险控制至关重要，包括客户信用管理、交易风险控制、资金风险管理等。

◆ 4.6　基于区块链的产业平台间整合

前面我们讲的都是单个平台的建设运营。随着产业互联网在各领域中的发展，产业互联网必将进入产业平台间的连接和整合阶段。这种连接和整合既包括处在产业链上下游的平台间的连接打通，也包括不同产业平台间的跨界合作创新。区块链技术的发展为这种平台间的连接和整合提供了技术基础，帮助不同产业平台进行数据打通、连接和整合，形成更大的产业链闭环。

4.6.1　跨平台的产业供应链金融创新

处在产业链上下游的不同平台间的流程和数据打通，有利于实现产业链的进一步闭环和价值链优化，并带来供应链金融模式的创新。

前文，我们讲到了粮达网和爱养牛的案例。粮达网平台上的贸易商会有一部分玉米是卖给下游饲料厂的，而饲料厂又在爱养牛的平台上向养牛场提供饲料，养牛场把牛奶卖给蒙牛。在这个产业链上，有处在上下游的两个平台。对于一家饲料厂来讲，它在进货做饲料的时候，它的一些交易信息、信用信息是在粮达网的平台上的；对于饲料厂的销售，把饲料卖给了养牛场，它的很多信息又被记录在了爱养牛的平台上，那么这两个平台就可以构成一种平台间的联合金融创新。平台间的连接有助于上下游的流程和数据打通，将一家饲料企业的应收款、应付款、采购和销售做得更加清楚，从而能够实现供应链金融的风险闭环控制。比如通过基于区块链的多级可拆分的商票，将蒙牛核心企业的信用向上游的养牛场、饲料厂和玉米贸易商进行传递，既解决了产业链上游中小企业资金周转的难题，又通过透明化，避免了产业上下游之间过多的价格博弈，从而让产业链的每个环节稳定地增收，实现专业化发展。

4.6.2 跨平台的联合营销

如果两个平台都是农粮产业互联网，但是经营不同的品类，比如一个是玉米，另一个是大豆，那么，它们可能会面对同一家贸易商。这个贸易商既会购进玉米，又会购进大豆，那么就可以联合营销，一起为这个客户提供更好的商品和服务。

又如，两个平台分处于产业上下游，其中一个平台的下游客户是另一个平台的供应商，则通过两个平台间的客户数据链接和合作，互相提供信用背书，极大地降低了获客成本。

4.6.3 跨平台的人才数据链接

现在一个人找工作都是自己写一份简历，如果要验证其信息是否真实，就要去做一些信息的求证，这往往比较费力。那么，有没有可能通过产业平台之间的数据连接，多点地对一个人才进行刻画，形成个人成长档案？比如一个人在多家企业之间流动，他可能在同一产业中从 A 公司到了 B 公司，也可能改行到了另

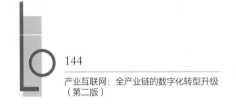
外一个产业的 C 公司，那么他的培训数据、他的履职的经历、他的一些重要的亮点及一些违规信息，是不是也可以进行多点的记录？结合区块链的技术及产业平台之间的合作与融合，完全可能有一种场景，就是我们看到的个人简历不是由求职者来提供，而是由产业平台来提供。

通过上面案例，我们看到平台间的连接具有极大的想象空间和价值空间，而背后的核心是基于区块链的数据的连接创新。我们可以想象未来数字经济的场景、产业互联的场景都依托于数据，而数据又是来自一次次产业当中的真实交易和真实互动，大量数据被沉淀，又被不断地被发掘和应用。所以拥有数据资产，把产业的数据能够尽快地进行积累，把存量的产业进行在线化、数据化，将是未来产业互联网发展的重要任务。

◆ 4.7 产业互联网的人才队伍建设

对于产业互联网的转型实施，组织能力和人才队伍的建设是重要的保障，一方面是作为领导团队的产业家思维和能力培养，另一方面是产业数字化的融合创新人才队伍建设。

4.7.1 企业家需要转型成为产业家

产业互联网时代，竞争不再是企业与企业之间的竞争，而是产业链之间的竞争。传统的企业经营往往更关注企业本身发展及竞争对手的状况，而打造产业互联网需要企业家转型升级为产业家，站在整个产业链的视角，从整个产业的高度和格局，发掘产业价值重构和优化的机会，推动产业链整体转型升级。

什么是产业家？席酉民教授对产业家给出如下定义：在全球格局和社会范式重塑的时代，对未来产业发展有极强的敏锐性和前瞻力；能从产业角度看待价值创造，重塑商业模式和创新资源整合方式；能够利用现代数字网络和智能技术，创新和运用多种组织方式，营造产业生态，推动产业生态的创新、升级、迭代和进化。具体讲，产业家有能力从一种需求或一个具体的实业入手，根据价值网络，迅速撬动相关资源，吸引潜在伙伴，缔结产业互联网，并构建产业生态，以营造新产业或促进已有产业的转型、升级和创新。

产业家是在企业家的基础上升级为善于整合和融合，能够营造产业生态（包括产业集群），并利用数智机制创造生态红利的人。

产业家需要具备哪些能力素质？AMT研究院联合西交利物浦大学和谐管理研究中心与浙江清华长三角研究院产业互联网研究中心一起研究总结，提出产业家能力素质模型（见图4-6、表4-1），以"和谐心智"为内核支撑，以"产业领导力、金融创新力、数字变革力"为三大核心能力，打造产业家的系统思维和能力。

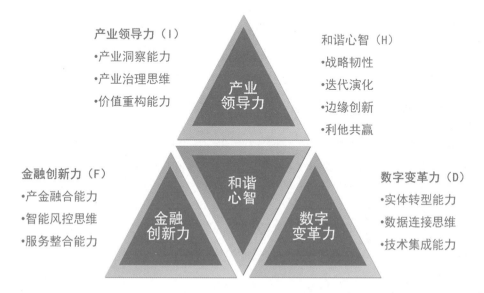

图4-6 产业家能力素质模型

表 4-1　产业家能力素质模型解读

类别	能力项	具体描述
产业领导力	产业洞察能力	从产业链整体格局和系统视角对产业发展规律和趋势进行洞察，深刻理解产业痛点，准确把握产业转型的新机遇
	产业治理思维	通过塑造共同愿景和价值观，推动建立有效的治理机制来引导产业链多方利益主体的协同共赢，从而打造产业命运共同体
	价值重构能力	对传统产业链的成本结构和价值进行重构，从而实现降本增效，并创造新的价值，让产业链每个环节获得合理的价值分配
金融创新力	产金融合能力	将产业和金融结合，借助金融工具，有效解决产业链中的资金周转问题，提升产业链的运转效率，推进产业链的健康发展
	智能风控思维	推动以数字化和智能化方式创新产业金融的风控模式
	服务整合能力	将金融服务与产业链的其他服务（如技术服务、物流服务等）进行整合，形成闭环的集成服务
数字变革力	实体转型能力	以数字化工具优化实体产业的价值流程，推动实体产业的线上线下一体化发展和数字化转型提升
	数据连接思维	通过产业链上下游以及跨产业平台间的客户、产品、服务、人才等大数据连接，发掘和创造新的价值
	技术集成能力	以产业场景需求为导向，全面整合各类技术工具，实现技术的深度应用和投入产出最大化

续表

类别	能力项	具体描述
和谐心智	战略韧性	产业互联网的推进是一个复杂的系统工程，在面对各种不确定的情况下能够始终保持战略定力，百折不挠，并在各种探索中持续吸收能量
	迭代演化	在长期的愿景与使命引导下，通过建立一系列阶段性核心任务和实施路径，推动动态发展和演化前进，并通过谐则与和则的互动，形成稳定的、可持续积累的能力
	边缘创新	不断突破现状，孕育、保护和促进边缘创新或颠覆性创新，促进生态系统不断升级
	利他共赢	以利他思维，不断通过共享、共生、共创来挖掘产业生态价值，形成一个共赢的产业生态圈

如何实现从企业家到产业家的转型，帮助产业互联网的领导团队（一般包括CEO、COO、CTO、CPO、CFO 等）提升认知，建立共识，掌握路径方法？我们进一步梳理了产业互联网平台企业领导团队需要培训掌握的六大模块知识体系及其核心内容（见表4-2）。

表4-2　产业家人才培训六大模块知识体系

知识体系	核心内容
模块一 洞察产业互联网的发展趋势	了解产业互联网发展背景及趋势 掌握产业互联网相关国家政策 理解产业互联网相关理论基础 从企业家到产业家，心智模式重构和创新能力打造 如何基于产业链分析，抓住产业互联网转型机遇

续表

知识体系	核心内容
模块二 设计产业互联网商业模式和盈利模式	产业链痛点及机会识别 产业互联网平台商业模式设计 产业互联网平台盈利模式设计 产业链利益机制和治理机制设计 如何构建一个多方共赢的产业互联网平台
模块三 实现产业互联网和供应链金融结合	了解产业供应链的创新实践 掌握基于区块链的供应链金融创新 结合产业互联网的供应链金融，实现方案设计 供应链金融风控体系设计 实现产业互联网平台和银行资金端的对接
模块四 建设产业互联网的支撑平台	产业互联网平台架构规划（前／中／后台） 产业互联网的平台建设策略与投资估算 产业互联网相关的关键技术实现 产业互联网中的数据思维与技术能力打造 了解典型产业互联网 IT 解决方案
模块五 建设产业互联网的闭环运营与增长机制	产业互联网的切入点和实施路径 产业互联网平台的运营体系建设 平台的营销推广与客户关系运营 产业人才发展与激励机制设计 如何形成平台持续增长机制
模块六 提升产业互联网平台的市值	产业互联网企业股权与治理结构设计 如何吸引和选择产业战略投资者 产业互联网平台企业估值模型及定价逻辑 融资途径／时点选择、融资实务及注意事项 资本市场规划

4.7.2 产业数字化融合创新人才培养

我们调研走访的大量产业互联网企业都存在人才瓶颈问题。产业互联网平台的建设和运营，从平台数据收集到数据处理，供应链流程架构、风控模型建立，对接供应链端客户、服务商、金融机构，所有这些都需要懂产业、懂供应链、懂技术、懂金融，以及能够进行融合创新的人才，以技术手段赋能优化产业场景，推动变革，提高问题解决能力。结合产业数字化的融合创新人才需求，我们系统梳理了相关的思维素养和知识技能（见图4-7）。

首先是培养产业链供应链管理的系统思维。从基本的供应链管理知识技能到进一步形成对产业链供应链的全面认知，以及对供应链各环节的运作特点和关系的深度理解，从端到端和全局系统的思维去理解产业供应链，并进行优化创新。

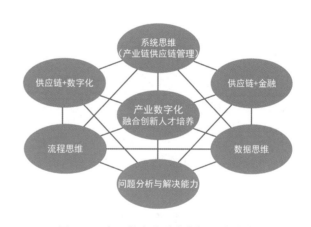

图4-7 产业数字化融合创新人才培养

其次是流程思维、数据思维和问题分析与解决能力的培养。流程思维将帮助我们建立数字化时代以用户为导向的快速连接和协同响应，流程管理的思维方法和工具能帮助我们更好地梳理和优化整个价值链的运作过程，促进供应链的降本、增效，实现产业链供应链运行的标准化和规范化（详见作者的另一本书《流程思维》）。而数据思维是基于数据的挖掘应用、量化分析进行业务改进优化的能力，是产业互联网平台运营的基本功。基于流程思维和数据思维，进一步提升基于产业场景的复杂问题分析和解决能力。岗位价值的评估最终取决于能够解决问题的大小以及优化方案所产生的价值。

最后是"供应链 +"，一方面是"+ 数字化"，基于数字化新技术赋能产业供应链应用场景，打造智慧供应链；另一方面是"+ 金融"，通过供应链金融，设计和运行基于产业互联网平台的供应链金融管理和风控方案，把价值链、价值网络和金融体系变成利益共同体。

如何进行产业数字化的融合创新人才培养？ 2018 年，西交利物浦大学联合 AMT 企源合作共建"产金融合学院"和"西利企源产教融合公司"，进行产业互联网时代的融合创新人才培养，并以产教融合模式进行供应链管理特色专业建设的试点示范。

供应链管理特色专业建设实践主要体现在以下两个方面。一方面，将大量产业互联网的前沿创新实践引入供应链管理人才培养过程。比如：通过供应链创新优秀案例评选和最佳实践案例总结，为供应链人才培养提供鲜活的实践教学案例；通过联合行业领先企业打造实践基地，结合产业实践场景进行现场沉浸式教学；通过安排学员进行问题导向的实践课题研究，提升实际业务场景的问题分析与解决能力；通过建立大量的行业实践导师队伍，打造实践教学精品课程体系等。另一方面，打造校企之间的人才供应链（见图 4-8）。通过连接众多产业互联网和

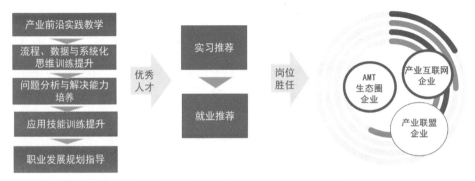

图 4-8　产业数字化人才供应链的打造

供应链服务企业,了解企业基层员工、管培生、实习生的招聘需求,与企业端人才需求匹配对接,为学生推荐专业对口的、符合个人求职方向的优质实习机会和就业岗位,解决学生求职难及企业端难以招募到合适人才的问题。

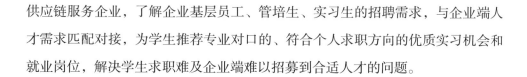

本章小结

对于产业互联网的转型实施,最重要的是行动。本章介绍了如何一步步进行产业互联网的行动推进,以及具体的策略、路径和支撑体系。

在开展产业互联网转型之前,首先需要了解开展产业互联网的前提和基础。从客观条件上,选择合适的产业赛道;从主观的资源和能力上,盘点自身的优劣势,以更好地发挥优势,以及明确在短板领域的补充策略。

我们强调,开展产业互联网需要"懂行的人",这样的人才具备对产业的深度洞察力,能从产业链全局分析,准确把握产业问题痛点,找到产业互联网转型的机会。

产业互联网的实施是一项复杂的系统工程,在推进中需要规划和演化的双重策略,从而既有自上而下的长期远景目标的引领,又能在过程中实现自下而上的创新涌现。同时,"六位一体"的资源整合能力至关重要,产业互联网的成功需要团结一切力量,打造产业利益共同体。

在具体的发展路径上,一方面,产业互联网要关注业务方面的有质量的增长,通过一个个 MVP 的业务闭环,实现从 0 到 1,再到 n 的有效增长;另一方面,产业互联网作为产业级的基础设施,前期需要大量的建设投入,因此也需要关注资本的运作和战略投资的引入,并不断提升平台的市值。已经发展比较成熟的平台可以进一步考虑跨平台间的连接和整合,以发挥更大的产业协同效应。

产业互联网的可持续发展需要强大的运营管理能力。本章系统介绍了产业互联网平台 6 大维度、12 大类、36 项的运营工作，帮助平台搭建完善的运营体系。

最后，所有的转型变革都需要组织和人才的保障。从产业家人才的培养到产业数字化的融合创新人才队伍建设，我们给出了相关的能力素质模型和培养路径。

第五章
产业互联网不同领域的案例实践

产业互联网已经进入百花齐放的阶段，都是由哪些类型的企业发起的？不同发起背景的产业互联网平台企业有哪些优劣势？该如何扬长避短进行产业互联网的实践？产业互联网转型有哪些共性的规律和成功经验可以借鉴？本章将围绕这些问题一一展开，并通过具体的案例进行实践解析。

◆ 5.1 行业龙头企业的裂变式增长

所谓行业龙头企业，就是行业地位较高？规模比较大，对上游的供应商、下游的合作伙伴和客户都有着较强的影响力的企业。一言以蔽之，它们掌握着较多的行业资源，对行业的洞察和理解较深，有的是大型央企、地方国企，有的是已上市的民营企业或者没上市的混合所有制企业，它们通过产业互联网裂变出一个子公司、一个事业部，不仅可以实现自己与数字经济结合的转型增长，还可以让内部的创新团队来持有新型子公司的股权，实现混改和管理层激励。

大型行业龙头企业发起推动的产业互联网平台，其特点是将过去在产业积累的客户、人才、技术等方面的综合资源优势和核心能力通过平台开放化，打造产业级生产性服务业共享平台，为产业链上下游企业进行赋能，以大企业带动产业链中小企业共同发展，实现产业链整体转型提升，同时自身也在传统业务之外打造出一家基于互联网的、具有新模式的公司，实现裂变式增长。

目前，我国已经有不少央企／国企或者行业龙头企业开展产业互联网实践。如：中国宝武集团将原有大宗商品电子商务相关资源进行整合，打造欧冶云商钢铁产业互联网平台；中建西部打造"智砼云谷"产业互联网平台，打造混凝土产业链生态圈；陕煤集团神南产业发展有限公司打造"煤亮子"生产综合服务平台，将在煤炭生产服务领域的能力向全产业链开放，打造煤炭产业链的"新基建"；中国电科三十六所打造"大禹云治"产业互联网平台，从智能加药系统和污水处理中控系统等核心产品服务进一步升级赋能产业链，成为水环境保护产业的综合服务商。

行业龙头企业往往通过项目公司或者子公司模式发起产业互联网平台建设，继承了母公司已有的良好产业基因、产业上下游资源要素、横向合作伙伴网络等优势，具有稳定性好、资源要素丰富、企业架构完善、孵化周期短、投资风险小、资本退出容易等一系列优势，但是也可能存在由于母公司管控造成的决策周期长、市场响应慢、内部机制不灵活等问题。因此建议这一类的平台从运作开始就给予特殊的政策支持以鼓励创新；同时随着商业模式的成功验证，可进一步开放员工持股和混合所有制改革，充分激发组织活力。

在混合所有制改革方面，欧冶云商的成功经验可以借鉴。2017年，欧冶云商成功实施首轮股权开放和员工持股；2019年，欧冶云商宣布完成第二轮超过20亿元的股权融资，实现投后估值超过100亿元。欧冶云商通过混合所有制改革，引入各种所有制资本以及对核心员工的股权激励，促进国有企业转换经营机制，不仅和各类战略投资者形成了很强的战略互补和协同效应，同时充分激发了内部组织活力，为其他同类企业混改提供了可以参考的模板。

案例：煤亮子——打造煤炭产业链的"新基建"

随着煤炭行业深入推进供给侧结构性改革，作为陕煤集团下属煤炭生产服务企业的神南产业发展有限公司拥有煤炭生产专业化服务的扎实功底。如何从企业端进一步走到产业端，扩展到为整个煤炭产业链提供生产综合服务呢？2016年，神南产业发展有限公司开启了转型探索，以"煤亮子"命名的产业互联网平台建设正式启动。平台于2018年6月开始试运行，通过存量资源整合优化、产业升级和新价值创造，构建了集交易、仓储物流、软件研发、数据、信用、供应链金融为一体的综合服务体系。到2021年底，业务已发展至陕西、内蒙古、湖北、河南、河北、山东、上海等13省、市、自治区，合作客户达4 300多家，累计完成销售额超过150亿元。

"煤亮子"在不断的产业互联网实践探索中，逐渐形成了三层平台服务架构，包括交易服务平台、供应链服务平台和智能化服务平台（见图5-1）。

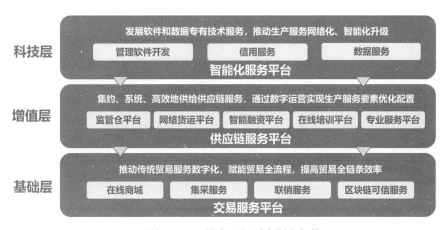

图 5-1　"煤亮子"平台服务架构

1. 交易服务平台

针对产业链信息协同效率低下的痛点，"煤亮子"搭建了煤炭产业链，

包含大宗原材料、产成品、煤机配件等，主要提供在线商城、集采服务、联销服务和区块链可信服务，旨在推动传统贸易服务数字化，赋能贸易全流程，提高贸易全链条效率。此外，应用区块链技术，该平台能够实现商品交易数据可追溯和不可篡改，打通信息壁垒，使得价格信息公开透明，促进交易有序进行。

2. 供应链服务平台

以大柳塔能矿综合体项目为载体，建设新的能矿服务园区，使之成为矿用设备物资货物仓储集散中心，提供仓储、网络货运、智能融资、在线培训和专业服务。线上互联网平台和线下产业园区联动发展，集约、系统、高效地供给供应链服务，通过数字运营实现生产服务要素优化配置，构建区域的能矿综合服务新生态。

3. 智能化服务平台

该平台主要提供管理软件开发、信用服务和数据服务，旨在发展软件和数据专有技术服务，推动生产服务网络化、智能化升级。目前已上线"煤亮子"大数据智能风控平台，整合多维度大数据，打造覆盖交易前、中、后的全过程风险管理。在交易前，会对客户进行主体分析、画像和信用评级，筛选出优质客户。在交易过程中，会对客户的经营状态、货物状态进行全方位风险扫描，一旦出现异常，马上进行预警，第一时间减少交易损失。在交易后，会根据客户的交易履约情况和其他多方数据实时调整客户评级。同时风控系统具备自主演化能力，会根据数据变化实时动态地调整风控模型，使风控模型越来越合理。

纵观"煤亮子"平台的发展过程，基本采用了以下三方面的策略。

首先，存量资源的整合。整合现货库存资源，形成现货平台；整合仓储、物流、资金等资源，形成供应链服务平台；整合交易渠道资源，形成交易平台；

整合生产运营、专业技术、人力资源等，形成综合服务平台。

其次，新价值的创造。通过平台形成大数据资源，以数据服务来指导供需双方提升效率；引入物联网、区块链等新技术，构建起设备管理的智能化物联网络体系，打造基于区块链的可信服务体系，实现产业链和供应链金融的有效结合，从而为产业链客户创造新价值。

最后，产业价值的延伸。通过"煤亮子"平台的持续创新发展，神南产业发展有限公司的生产服务能力得以实现产品标准化和平台开放化，并将其进一步拓展到煤炭产业链和上下游产业，从而为更多的产业生态参与者赋能。

"煤亮子"作为陕煤集团数字化转型升级的先行试点，整合煤炭相关产业链上下游资源，通过数字"新基建"，助力集团完成数字新经济的产业布局。

◆ 5.2 区县特色产业集群的转型升级

区县特色产业集群往往由当地政府支持行业协会中的骨干企业以及当地国有投资控股集团，如城投公司、产业投资集团等联合发起，具有熟悉产业生态、掌握产业关键资源要素、易获得政策倾斜和孵化期资源支持等优势，但是区县特色产业集群的产业互联网平台落地运营也存在一些难点与风险。

1. 传统产业文化观念、信息化基础、管理组织可能不适应

产业互联网的建设离不开互联网思维，如何将互联网思维运用到传统产业是产业集群转型发展面临的首要问题。传统的分销模式、代理层级以及产业链内部利益机制和潜规则的博弈，将进一步阻碍产业互联网的实施推进。传统产业的信息化管理水平比较低，管理基础比较薄弱，也会使得产业互联网的推进速度较慢。对于产业内的企业家来说，实现从企业家到产业家的提升，掌握从企业内部到外部的流程再造能力，都是非常重要的。

2. 区县特色产业集群人才的缺失是产业互联网建设的难点

传统产业内人才流动性相对较弱，人才架构偏向于传统岗位职能，对互联网人才的吸收与培养不足，而具备互联网经验的从业者对于传统行业的认识不足，也限制了人才向传统行业的流动。由于区县特色产业集群往往地处偏僻，很难吸引到产业互联网平台建设和运营的复合型人才，因此通过引入外部的专业机构来进行联合运营以及通过建立产业大学加强对当地的产业人才培养非常必要。

3. 传统产业转型需要政府支持、产业企业协同、资金资源投入和团队的保障

任何一个要素欠缺，都有可能带来不能实现期望结果的风险。区县特色产业集群的转型离不开政府的有力引导与支持，政府领导班子对产业转型创新的支持和理解是否能形成统一的支持意见非常关键。若要保证产业互联网平台的健康发展，就需要避免政府决策缓慢或者政府领导岗位交替发生的政策变动等风险。同时，产业互联网能否高效运转，事关产业链上的所有企业。此外，企业新业态的快速发展与旧规制之间的不协调、安全保障等问题都需要生态建设者各方的共同努力。产业互联网的产业级基础设施建设需要较大的资金资源投入，在建设前期需要做好相关的资金资源预算和投入规划，以避免中途资金链断裂带来的项目停滞风险。同时这一类产业互联网平台公司作为混合所有制公司，要将"有为的政府＋有效的市场"有效结合，设立合理的股权架构和治理体系，以及公司化、规范化、市场化的运作管理体系与激励机制。

综上，区县特色产业集群的产业互联网转型不能好高骛远，必须保持战略定力和耐力，对难点和风险做好充足的准备，在长期远景目标引领下，设立合理的阶段目标预期，通过可落地的切入点、资金资源的配套保障，在规划与演化中循序渐进地推进。

区县特色产业集群内的生产企业是产业互联网生态建设的核心服务环节。产业互联网平台可通过为生产企业提供统一研发服务、技术服务，实现技术资源共

享，解决区域内企业技术短板难题；通过区域公共品牌打造和品质溯源，提升区域内产品整体品牌价值和品质管控能力；通过生产资料的集采，帮助生产企业实现降本增效；通过政府政策支持、供应链金融、产业人才培养等配套服务，提升整体产业活力与持续发展的能动力。

对于区县特色产业集群的产品销售流通环节，产业互联网平台主要通过集中化仓储物流服务的支持与提升，以及供应链金融服务的配套，建立行业标准，为加工商、贸易商、批发商等从业者提供更为市场认可的产品，以及提升商品流通效率的服务等，带动整体市场的高效运转与价值提升。

同时，对于区域政府来说，通过区县特色产业集群的产业互联网建设，实现对产业链全程的数字化、透明化管理，为区域政府的产业治理和精准施政提供了抓手。如福建省建宁县是全国最大的县级杂交水稻制种基地，通过打造种业产业互联网平台——禾众网，围绕全产业链的服务构建以科研服务中心、农机服务中心、生产管理中心、仓储物流中心、在线交易中心、供应链金融中心、种业大数据中心为七大中心的种业综合服务生态圈，打通从种子培育、生产到销售的所有环节，实现种业产业的数字化种植、管理与销售。通过农机共享服务，政府可以实时了解农机轨迹和作业面积等土地耕种实时情况，助力政府宏观调控和监管，为政策的制定、执行，以及各类补贴的审核、发放提供准确的决策数据支持。

案例：茶马互市——助力中国牦牛藏羊产业振兴发展

青海省是世界牦牛之都、中国藏羊之府，青海省湟源县具有厚重的"茶马互市"历史文化，如何充分发挥区域特色产业优势，实现牦牛藏羊产业振兴，解决"养殖繁育——活畜交易——屠宰加工——产品销售"全产业链存在的"低、小、散、乱"现象？2018年，青海三江一力农业集团联合当地政府国资委下属产业投资集团共同成立茶马互市产业互联网平台（青海茶马互市市场管理有限公司），围绕青海省政府产业振兴规划和产业链发展痛点，构建"服务＋交易＋供应链金融"的茶马互市产业互联网生态，将牦牛和藏羊产业相关的牧民、活畜经纪人、养殖合作社、屠宰企业（户）、定点屠宰共享生产线、肉铺、肉联厂、金融机构等产业链主体连接起来，打造高科技、互联网化和类金融的现代农牧业综合服务平台。

茶马互市产业互联网平台从产业链问题最突出的"屠宰加工"环节切入。传统模式下，大量"私屠滥宰"，食品质量难以保证；"定点屠宰"服务收费乱象丛生，屠宰户苦不堪言；屠宰产生的粪水恶臭，环保压力大；"技术链"薄弱，技术人才匮乏；产品单一，加工工艺几十年不变；精深加工技术难突破、难推广，且缺少高标准的配套基础设施等。为此，茶马互市建立了牦牛和藏羊屠宰共享中心，通过"六统一"，解决牦牛和藏羊产业链中屠宰和肉品质量追溯的痛点。

第一，统一屠宰。通过低收费、高标准服务吸引屠宰户入驻共享屠宰生产线，解决因"私屠滥宰"导致食品质量难以保证的问题。平台通过牛羊进场智能识别、牛羊肉胴体自动称量且自动记录质量数据、牛羊肉分割环节实现牛号、肉块质量、品种、等级、条码、二维码信息的采集和标签打印、生产现场全方位视频监控等一系列高科技手段来加强屠宰加工管理。

第二，统一检验。对牦牛和藏羊进行宰前检疫，在屠宰过程中进行同步检疫，宰后还要进行检疫。这些检疫完成后再进行复检，复检合格后给予检疫标志并开具检验检疫证明，所有环节完成后，牦牛和藏羊肉才能上市销售。

第三，统一标准。平台通过完善屠宰标准化体系，有效促进屠宰产业标准化水平。平台依据清真牛羊屠宰加工工艺流程，加强开展屠宰产品、卫生控制、检验规程、无害化处理等屠宰标准的制定，建立完善牛羊屠宰标准体系，实施危害分析与关键控制点（HACCP）管理。

第四，统一结算。通过在茶马互市APP交易平台绑定结算卡，支持定点屠宰费用收取、牛羊肉产品与订单管理、生意圈管理、牛羊肉买卖双方交易、财务与资金管理，提高交易与结算的便捷性。

第五，统一追溯。建立基于物联网技术的牛羊肉产品全程质量溯源系统，包括RFID电子耳标、智能数据采集终端PDA、二维码等技术，支撑屠宰加工环节、运输环节和销售环节的质量可追溯。

第六，统一品牌。建设中国牦牛和藏羊肉核心品牌"茶马互市"，所有从共享屠宰线上屠宰和生产的牦牛和藏羊肉全部使用"茶马互市"品牌。通过产品品牌化建设，引导价格竞争回归到产品竞争，靠品牌和品质赢得消费者认同，既能满足消费者的需求，又能助力企业建立商誉、实现发展。

屠宰加工作为产业链的中间核心节点，通过线上（牛羊活畜屠宰交易市场）与线下（共享屠宰中心）相结合的方式，吸引大量产业用户后，茶马互市进一步向产业链上下游进行服务延展。在产业链上游，推行"公司＋合作社＋养殖户"的生产管理模式，为养殖户提供养殖技术以及疫苗、饲料等集采服务，并压缩中间交易环节，打造线上线下相结合的活畜交易市场，提升交易效率。在产业链下游，打造鲜肉交易市场，连接下游的鲜肉铺商户、副产品深加工机构，以及第三方的冷链仓储物流资源等，打通产业链的下游销售流通通道。下一步，随着平台业务在线化的数据积累和业务闭环的打通，茶马互市将进一步开展供应链金融服务，为牦牛和藏羊养殖繁育、活畜交易、屠宰加工、产品销售四大产业配套体系和外延产业服务体系提供融资服务，将金融服务融入畜牧业。以"成为中国牦牛、藏羊高附加值肉产品和产业链服务的领导者"为愿景，茶马互市循序渐进，稳扎稳打，一步步推进中国牦牛、藏羊产业振兴发展。

◆ 5.3 从供应链枢纽企业到产业供应链集成服务商转型

1. 供应链枢纽企业的定义和分类

在传统产业链中，提供贸易、仓储物流等供应链服务的企业被称为供应链枢纽企业。供应链枢纽企业中有两类企业具有产业互联网转型的先天优势。

第一类是专业商贸市场。专业商贸市场是一种以现货批发为主，集中交易某一类商品或者若干类具有较强互补性或替代性商品的场所，是一种大规模集中交易的坐商式的市场制度安排，其优势是在交易方式专业化和交易网络设施共享化的基础上，形成了交易的规模经济。专业商贸市场丰富的产业资源和流量，使其具有平台优势，通过利用原有的货品交易集散中心，开发线上交易平台，将线下客户资源优势与线上平台一体化融合打通，实现 O2O 相互引流，进一步提供从交易结算到仓储物流、供应链金融等领域的产业供应链集成服务。专业商贸市场通过配套的供应链一条龙服务，提升交易效率，降低交易成本；通过平台交易数据信用背书，进一步支持相关的供应链金融服务；同时，专业商贸市场汇聚行业资讯动态，发布价格指数和趋势报告等，为产业上下游提供决策支持。

第二类是物流与供应链服务商。该类型的企业拥有对物流供应链的深入掌控，以及对于产业供应链上下游的客户、仓储、物流等线下资源的积累。在近几年的供应链创新发展趋势下，我们看到物流与供应链服务企业的转型发展模式基本有三个方向：第一个方向是深耕若干产业的供应链综合服务，重点是围绕大型企业进行供应链的服务外包，但是只做服务，不涉及产业交易；第二个方向是成长为网络货运平台，上游整合需求货源，下游整合承运服务资源，通过平台提供供需撮合以及相关配套服务，并通过平台集约化管理和基于数字化的供应链整体统筹优化，实现供应链全局的降本增效；第三个方向就是产业互联网平台，即在为某一垂直产业客户提供仓储物流与供应链专业服务的过程中，在该产业领域积累了大量的实践洞察，并进一步洞察到该垂直产业转型升级的机会（如产业上下游一边或者双边比较分散，运用数字化，可以整合优化的空间比较大，产业面临整合机会和发展趋势等），从而向产业链上下游的深度服务纵深延展，逐步发展成聚焦垂直产业的产业供应链集成服务平台。

2. 物流与供应链服务商向垂直产业互联网平台转型的实践

例如，餐饮产业上游的食材流通环节多，渠道链条长，种类多，价格差距大，非标性强，产地分散，下游商户也分布较散，订单量小，品类多，且时效性要求较高，因此，就有了餐饮供应链服务商向餐饮产业互联网平台的转型探索，上游对接食材原产地、工厂、中央厨房、经销商等，下游对接餐厅门店，从过去的冷链仓储物流服务，进一步向客户提供食材推荐、集中采购、SaaS 平台、供应链金融等全价值链服务。

3. 从供应链枢纽企业到产业供应链集成服务商的转型的关键要素

一是要抓住"产业"的关键词，加强对产业的深度洞察，从全产业链的视角对产业场景需求和痛点进行挖掘，并在前期做好产业互联网的顶层设计规划；二是关注对资金投入的规划，尤其是物流与供应链的服务企业，往往规模不太大，资金实力也不强，而产业互联网的数字化基础设施建设及供应链金融的前期投入都比较大，因此需要考虑外部投资和战略资本的引入；三是从供应链服务到供应链金融，须加强在供应链金融方面的专业能力和风控能力。

案例：华采找鱼——打造全球最大的渔业交易平台及供应链服务商

华采科技（北京）有限公司 2015 年在北京中关村成立，通过华采找鱼——

国内领先的大宗冻鲜采购平台，协助客户在全国／全球范围内不断提升其产地采购效率和采购能力，致力于打造全球最大的渔业交易平台及供应链服务商。截至2022年，平台累计交易额已经超过200亿元，服务连接超过2万家海产工贸企业。

公司创始团队最初是在大连做餐饮食材供应链服务，在长期的产业经营实践中发现，传统模式的海鲜产品交易链条长：船东（产地渔船）——产地一级批发商——产地二级批发商——产地三级批发商——销地一级批发商——销地二级批发商——销地三级批发商——销地次终端（为餐饮店供货的批发商）——餐饮店、超市等。买家要更多地依靠中间商去购买货物，价格和质量信息不对称，"黄牛"覆盖货源，订单数量有限等，导致产业上下游采购效率低下。

面对产业链痛点和互联网带来的产业整合机会，创始团队决定改变商业模式，用互联网创新的思维去赋能传统行业并简化产业供应链流程，通过华采找鱼平台连接产地和销地两端，通过平台直接交易，跨过原先靠倒卖产销地信息赚钱的中间人。由此，产销地中间环节产生的费用压缩至2%，至少节省20%的成本，使得价格透明，信息透明，行业标准提升。利用平台优势，实现全国／全球交易。通过线上平台及线下采购团队，以及物流、仓储、金融等一站式服务，快速对接上下游客户，打通产业链条，提升交易流通效率（见图5-2）。

华采找鱼在产业互联网的实施推进中有以下经验可借鉴。

1. 通过单品切入来获得快速的市场聚焦

华采找鱼最初选择从阿根廷鱿鱼这个单品切入市场。华采团队认为，与其做最大的海鲜全品类B2B平台，不如深度聚焦做单品最大的平台，这样才能成为供应链中的主角，从而掌握行业标准制定权。而阿根廷鱿鱼是国内远洋捕

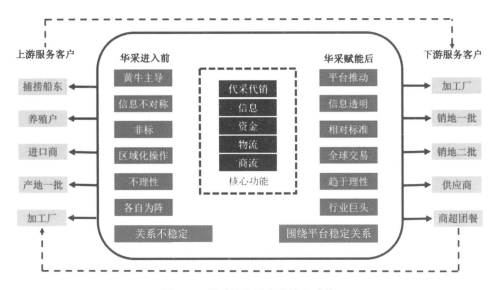

图 5-2 华采找鱼平台的核心功能

捞里最大的单品之一，这种常见的品种很适合做第一个突破点。截至 2022 年，华采找鱼平台上的鱿鱼类产品交易流量约占到国内流通市场的 50%。在以单品快速实现市场突破，实现产业上下游客户资源集聚和平台功能完善后，再从阿根廷鱿鱼进一步扩展到带鱼、秋刀鱼等，逐一突破各个鱼种。

2. 建立渔业大数据库

发布鱿鱼指数。随着渔业相关的数据在华采找鱼平台上逐渐积累，华采团队意识到，建立渔业大数据库，将会孕育巨大的市场。因此，针对在南大西洋每一条船上的鱿鱼的周捕捞量及累计捕捞量、产地冷库的库存数量、加工厂的外单订单量及平台的交易数据等，华采找鱼都进行及时挖掘，从而形成供应链数据全景。同时，华采找鱼联合舟山国家远洋渔业基地、舟山远洋渔业协会联合发布鱿鱼指数，目前已经成为中国鱿鱼交易的主要参考指标。

3. 招募全球产业合伙人，实现海外业务拓展

华采找鱼自 2019 年开始启动全球合伙人招募工作。计划招募合伙人的地区包括美国的波士顿、西雅图，日本东京，俄罗斯海参崴，阿根廷布宜诺斯艾利斯，秘鲁利马港，印度孟买、加尔各答，越南胡志明市，新西兰纳尔逊等。平均每个城市需要一两名合伙人，且要求该合伙人具有多年从事水产行业的经验，拥有合作城市的客户基础，了解当地水产企业的购销渠道及贸易形式；合作人的身份需为华侨或华人，同时精通汉语和合作城市的语言。通过全球合伙人招募，以统一的线上平台＋贴近产业的线下团队，全面扩展全球业务，将成功的商业模式从国内扩展至国外。

◆ 5.4　数字化服务商的产业互联网升级

在早期互联网的发展过程中，涌现出一批行业资讯平台，往往名称为"××网"，为行业圈子提供行情资讯、价格指数等，积累了大量的行业用户信息和流量。由于缺乏服务深度和黏性，往往难以为继，因此纷纷转型产业互联网，从提供撮合交易到产业链的集成服务。典型案例如爱锐网，早期是磨料、磨具行业资讯网站，后被上市公司轴研科技收购，致力于打造工磨具产业互联网平台。

还有另一类行业 IT 解决方案提供商，为传统企业信息化—数字化转型提供 IT 解决方案。比如，为生产制造企业提供计划订单管理、生产调度、质量控制、物流管理、物料管理、能源优化等服务；为企业数字化转型提供涵盖规划、实施、定制开发、运维、升级等全生命周期的 IT 服务。基于长期在企业服务和软件开发过程中对业务流程和痛点需求的洞察理解，面向细分行业提供综合性的数字化转型解决方案，打造行业 SaaS 软件平台，并进一步发挥流量和

技术优势，向产业供应链集成服务延伸。典型案例如荷特宝，通过智慧食堂解决方案，提供在食堂门店端的 SaaS 智能收费以及供应链端的 ERP 管理软件，进一步发展为面向园区及企业客户提供一站式、定制化的配套餐饮及综合服务，包括从园区食堂／企业员工餐厅的设计规划、美食广场化运营到智能化系统应用，并与社会知名餐饮零售品牌及咖啡店、果汁吧、便利店等丰富的配套服务业态进行战略合作，打造 8 小时工作圈消费新场景。同时荷特宝整合上游供应链，为下游入驻美食广场和员工餐厅的零售门店提供食材及调味品等集中采购服务，以产业互联网平台，实现产业链上下游从食材供应商到餐厅零售门店，再到消费者的数字化连接和整合，打造"团餐新物种、产业路由器"。

不管是行业资讯平台还是 IT 解决方案商，都可以统称为数字化服务商，其核心能力都是基于数字化的手段进行产业资源的连接和整合，基于产业大数据进行产业链的价值挖掘和升级优化，并在这个过程中形成对产业链痛点需求的深度洞察和对产业链业务流程细节的掌握，从而可以找准产业链服务的切入点。数字化服务商转型产业互联网，需要重点关注的就是其核心管理团队从技术派向业务派的全面转型，着眼于如何为产业链上下游客户带来切实的提质、降本、增效和更多的生意机会，实现业务价值的创造。

案例：布瑞克农业互联网——大数据赋能农业产业链

布瑞克以农业咨询业务起步，其母公司定位于综合智慧农业解决方案提供商，2008 年集合国内高端农业、IT、数据人才，研究农产品价格预测模型，2012 年开发上线了布瑞克农业数据终端及大宗农产品价格预测模型系统，2013 年研发了中国县级农业大数据应用平台及县级智慧农业系统解决方案。在对中国农业产业转型深度洞察和农业大数据能力积累基础上，2014 年，进一步成立布瑞克（苏州）农业互联网子公司，致力于以"互联网＋农业＋金融"模式，打造基于农业大数据和产业互联网的智慧农业生态圈。

作为一家基于农业大数据的产业互联网企业，目前布瑞克农业互联网拥有中国农业大数据、农产品集购网、农牧人三大互联网平台（见图 5-3）。布瑞克农业大数据平台以县为单元建设中国农业大数据基础体系，致力于农业生产端数字化，已与超过 700 个县建立数据连接，联结超 2 万家农场。基于农业大数据平台对农产品全产业链的"供"与"求"关系进行洞察，进一步延伸打造在线交易平台：一方面，通过农产品集购网的 F/S2B2B 大宗农产品供应链平台，服务于企业级农产品原料需求，致力于大宗农产品流通端的数字化，云仓配送网络覆盖 200 个地级市，注册企业用户已超过 10 万余家；另一方面，通过农牧人 F/S2B2C 品牌农业电商供应链平台，服务于社区和市民农产品消费需求，致力于城市民生消费的数字化，农牧人肉掌柜门店已覆盖长三角地区超过 5 000 个农贸市场门店。

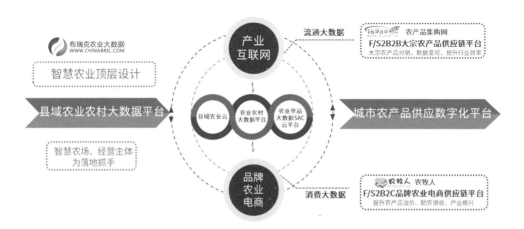

图 5-3　布瑞克农业互联网

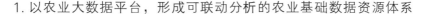

1. 以农业大数据平台，形成可联动分析的农业基础数据资源体系

布瑞克以重点农业产业为链条建设单品云，以县为单元建设农业农村大数据平台，通过标准化的单品云和农业云服务快速覆盖重点产业和农业大县。

县域农业大数据平台以全产业链为视角，对上游种植、中间加工及贸易、下游消费等产业数据进行深度挖掘，数据涉及耕地、育种、播种、施肥、植保、收获、储运、农产品加工、销售、畜牧业生产等各环节，以数据反映产业链全貌及价值流转过程。

在致力于农业基础数据资源采集的10多年中，布瑞克提出农业数据"来之于县，用之于县"的理念，快速整合县内农业农村局、气象局等涉农部门的数据和信息资源，为县域内农业合作社、家庭农场、农资经销商、农机服务商、农业经纪人等涉农服务供需方提供需求对接、线上采销、农资审核、农技指导、农情预警等信息化服务支持，同时结合大数据云平台，联通众多县域和产业链上下游，给当地带来更高视角和更及时的产业信息、数据指导、风险预警。

2. 农产品集购网，推动"一二三产"全链条数字化

农产品集购网定位于服务企业级农产品原料需求。在地级市内，通过大数据定位该地级市网格内的所有食品饮料、农产品加工等大宗农产品原料的需求终端，推算出网格内各类大宗农产品的需求数量、价格、品质规格、淡旺季周期和主要物流脉络。线上平台为这些企业提供货源信息、实时报价和物流匹配，并发展本地的城市合伙人服务于这些企业，通过"平台线上成交＋数字化储运调配＋合伙人线下服务"，为当地的终端企业提供线上数字化签约、24—48小时到厂、质保退换货等增值服务。

如广西糖业云平台为区内88家糖厂提供数字化订单系统，糖厂与蔗农

在手机 APP 上进行数字化签约，为糖厂的原料管理提供耕种管收全过程大数据支持。同时，集购网城市端销售网络与糖业云平台打通，建设销区港口"云仓"，终端企业通过云仓采购的食糖，可以精确知道是哪家糖厂生产，进而通过糖业云平台追溯到原料的产地和生长过程。基于全链条的业务数据建设的征信系统和溯源系统，进一步与银行等金融机构对接，基于数字化订单向蔗农进行授信，通过集购网 ERP 系统和云仓系统为糖厂提供仓单质押等金融服务。

3. 农牧人平台，打造产销直连的数据通道

农牧人定位于服务社区和市民农产品消费需求，以城市社区农贸为节点，通过"掌柜"系统，帮助社区农贸市场的商户"触网"，同时结合"掌柜"系统实现社区农产品消费大数据的采集，与内嵌于县域农业云的农牧人智慧农场系统相结合，打通基地—社区农产品产销直连的数据桥梁。农牧人"掌柜"系统负责社区农产品需求对接和订单聚合，订单以整车为单位，由农牧人智慧农场系统负责基地端的供应匹配，由当地运营的乡村产业能人负责组货、分拣、品控和发货，实现基地到社区的供应链直连。

布瑞克通过对农业大数据集成处理和创新应用的核心能力打造，打通农业种植/养殖、加工、渠道、物流、零售，管理全产业链，将提升区域内农产品组织效率，提升乡村产业发展的数字化水平，创新服务于中国农业现代化转型。

◆ 5.5 产业互联网集聚区的打造

产业互联网平台是产业级的在线交易结算入口，通过互联网模式突破区域限制，能形成新的产业集聚区。对于区域政府、各区域的经济开发区、双创园区、

产业园区来说，打造产业互联网集聚区，吸引和发展产业互联网平台型企业，既能带动区域实体经济的转型发展，也能带来互联网新经济的增长。因此，发展产业互联网集聚区将成为区域政府和产业园区的新型招商模式。

产业互联网集聚区将为区域带来税收的增长。一是落户集聚区的产业互联网平台型企业税收。平台作为产业级的在线交易结算入口，将产生大量的印花税收入；同时产业互联网平台不仅提供交易服务，也为产业链上下游提供金融、物流、质检等产业链集成服务，从而带来多种税收贡献。二是提供产技融 IT 支撑和金融服务的平台税收。三是带动区域内的金融机构和第三方服务机构的业绩和税收增长。

区域政府和产业园区该如何吸引产业互联网平台型企业入驻？必须围绕产业互联网平台企业的发展需求进行全方位的赋能支持，并聚集相关要素资源，形成推动产业互联网发展的创新生态。我们在实践中总结出建设产业互联网集聚区的六大关键支撑要素：政策扶持、咨询服务、技术服务、人才服务、供应链金融、股权基金（见图 5-4），通过精准招商和赋能服务，实现对产业互联网平台型企

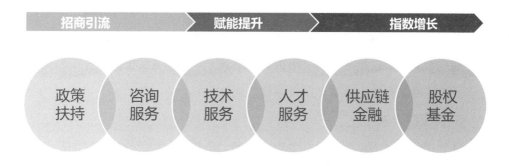

图 5-4　产业互联网集聚区的六大关键支撑要素

业的招商引流、赋能提升、指数增长。

1. 政策扶持

围绕产业互联网平台企业从创立到发展全生命周期中各阶段的不同需求，制定精准的招商政策，包括开办有奖、入驻有奖、经营有奖、人才有奖、科研有奖、创新有奖、专利有奖、融资有奖、上市有奖、联盟有奖等方面吸引平台型企业落户集聚区，以年度的产业互联网峰会和展示产业互联网前沿研究、最佳实践和关键技术的共享实验室来实现资源聚集和引流。

2. 咨询服务

搭建专业的咨询服务平台，有助于连接汇聚产业互联网相关专家智库和服务团队，帮助产业互联网平台企业商业模式优化、机制创新和运营改进提升，不断实现平台的能级提升，推动整个产业的价值链重构和资源配置优化。

3. 技术服务

技术交易功能型平台能够连接汇集高校及科研院所等研究机构，帮助产业互联网平台型企业解决产业技术瓶颈问题，推动产业技术成果转化，降低技术使用门槛，促进产业技术创新。

4. 人才服务

针对产业互联网平台企业紧缺人才、高端人才的引进，企业制定有吸引力的人才引进政策，通过招才引智，形成人才高地。产业园区的公共服务平台提供面向产业互联网企业的人才培训以及评估认证等服务。

5. 供应链金融

联合银行等金融机构，设立供应链金融创新基金，为落户集聚区的产业互联网平台型企业提供供应链金融风控体系设计的指导和审核，同时为通过风控验证的平台企业提供稳定低成本的供应链金融结算资金，帮助平台型企业实现供应链金融服务的落地，推动产业互联网平台企业的快速发展。

6.股权基金

产业互联网平台型企业在成长阶段需要大量的技术开发和平台推广的成本投入，因此，通过专项的股权基金为产业互联网平台型企业提供投融资服务，能帮助其解决发展瓶颈，提升市值。

案例：前洋经济开发区——打造园区产业互联网生态圈

前洋经济开发区位于浙江宁波，从 2014 年承担建设发展政府电子商务，打造宁波电商经济创新园区的任务，到 2016 年进一步发展成为经济开发区，在发展脉络中，以"打造产业互联网生态圈，打造数字经济示范区"为愿景，把产业互联网作为园区的基础设施以及核心竞争力来打造。截至 2021 年，已引进 15 000 多家企业，每年有两三千家企业入驻，年财政税收超过 30 亿元。有很多具有代表性的产业互联网企业入驻园区，还有较多的 B2B 交易、港航物流、跨境电商、互联网金融保险等企业。通过这些企业的集聚，打造园区产业互联网生态圈。

在产业数字化转型的背景下，前洋经济开发区持续探索如何从"政策驱动"的发展模式向"生态驱动"的发展模式转型，并联合 AMT 企源专家团队开展打造产业互联网集聚区的路径方案和对策研究。通过产业创新服务综合体打造，一方面，帮助企业、产业以及产业集群进行数字化转型赋能提升；另一方面，通过各种活动帮企业间产生化学反应，达到更好的聚合效果，实现产业链、创新链、服务链、资金链的"四链合一"和生态共建。

具体如何实施呢？

其一是建立前洋产业赋能中心，坚持政府引导、企业为主体的市场化运作机制，联合专业机构共建产业赋能联盟，面向企业、产业链、产业集群提供顶层设计、组织创新、生态建设、人才培养、金融赋值等 20 余项深度赋能服务，并重点打造行业共性解决方案，包括直播带货、供应链集成管理、供应链金融、全场景智能数据库、网络货运、跨境一站式综合服务、灵活用工、战略咨询等维度，形成一整套帮助企业数字化转型和降本增效的方案，助力企业、产业、产业集群的数字化转型与可持续发展。

其二是建立前洋产业互联网研究院，提供传统企业、产业集群、产业园区的产业互联网、智慧供应链数字化解决方案；建立各类细分产业创新研究院，进行产业创新技术的研发和服务。

其三是设立前洋综合服务中心，帮助企业进行政策解读和咨询、困难帮扶、企业情况反馈，以及10大类、60小类专项服务对接，打造园区企业服务生态圈，提供点对点、个性化、网络化精准服务和智慧服务。

◆ 5.6 产业互联网转型的实践经验总结

通过大量产业互联网的案例研究和来自产业家的调研交流，我们总结出以下产业互联网成功实践的共性规律和经验。

5.6.1 产业升级不是颠覆，而是新模式下的产业价值网络链接

产业是由骨干企业和众多产业链相关企业共同组成的。在传统的模式下，每个企业都是独立的研发、生产、销售体系，产业中大多数企业之间是同质化竞争关系，但产业互联网构建了以骨干企业牵头，产业服务从各自独立承担向平台集约化转化，产业链相关企业向产业节点企业转化。骨干企业利用自身能力和资源优势，搭建赋能平台服务产业链相关企业；产业链相关企业通过共享平台进一步实现效能提升和专业化发展，从而通过产业互联网实现大中小企业融合协同发展。

因此，产业升级是骨干企业与众多产业链相关企业基于产业互联网模式建立"平台＋产业合伙人"的创新型连接。产业合伙人带着生意来认购平台股权，用众筹方式参与产业互联网将成为典型现象。通过为全行业提供先进的生产性服务，骨干企业携手产业链相关企业渐进地、协同地完成产业升级，实现融合发展与协同共赢。

5.6.2 需求拉动与技术驱动产业互联网的演化发展

产业互联网发展是一个需求拉动和技术推动不断深度融合的演进过程。先从需求拉动角度思考产业的需求是什么，痛点是什么，难点是什么，再从技术推动角度思考技术能做什么，然后通过需求与技术互动、相互对接来解决难点、痛点。

通过一个个 MVP 的 PDCA（plan-do-check-action）循环，做到小步快跑，不断试错和改进；通过阶段聚焦不断实现创新突破，从而推进产业组织的升级、商业模式的改进、产业治理机制的创新，最终演化出新的产业生态。

5.6.3 产业升级的难点不在于技术创新，而在于机制创新

产业从业者凭什么要加入平台呢？靠单纯的技术创新不能实现产业互联网平台对产业上下游的连接，需要创新商业模式，形成能满足产业链上下游价值需求的新的利益平衡体系。机制创新即平台带来的实实在在的新价值是核心，如通过平台获取更多的生意机会、更好的服务和更低的成本等。技术创新在机制创新的驱动下才能发挥作用。

产业互联网对产业链上下游的连接不仅包括 IT 云应用连接，还包括服务连接。对于单一的云应用，若技术太先进，则不会用，若技术缺少服务的支撑，则不愿用。平台型企业需要了解产业从业者有哪些工作需要支撑，哪些痛点需要解

决，通过规范化、集约化的共享服务中心提供专业增值服务，并建立合理的产业链利益分配机制，创造价值并分享价值，通过综合红利来驱动产业互联网的发展。

5.6.4 是自营还是做平台，其核心是产业赋能能力

做裁判还是做球员，还是既做裁判又做球员？对于产业互联网转型企业来说，也面临同样的选择，是自营（做自有产品或者自营贸易，以赚取差价）还是做平台（连接产业上下游，平台作为第三方通过提供共享服务来赚取服务费）？

产业互联网平台建设早期投入资源大，服务收益低，获客成本高，达到盈亏平衡所需的时间长，因此除了少数政府主导或者有实力的大型央国企，对于大部分企业来说，建立产业互联网平台较合适的商业模式是从自营逐步过渡到平台模式，即通过自营为做平台积累第一手的产业洞察和专业经验；通过自营赚取较高毛利，为进一步发展积累资金；通过自营形成业务流程闭环，提高专业服务赋能能力，为进一步平台化、规模化发展奠定基础。

产业互联网平台的本质是赋能，而赋能的前提是对产业链的深刻理解、相关的流程和 IT 基础设施的支撑及专业化服务能力的积累，因此在产业互联网建设初期，或者新品类、新业务拓展初期进行自营积累经验和能力是必要的。在产业赋能的基础上，应进一步优化利益共享和约束机制，构建生态治理规则，推进产业生态圈的建设。

5.6.5 产业大数据应用将成为产业互联网平台的核心能力

产业大数据，即在产业链不同的场景中获取和沉淀数据，并实现数据的标准化和集成化。产业大数据是实现产业链供需精准匹配、运营效率优化以及信用风险管理的关键，是产业互联网平台不断提升发展的重要支撑。结合产业场景实现产业大数据的自动集结，并通过基于大数据的人工智能算法应用，实现产业已知领域的效

率显著提高，以及未知领域的认知和创新大幅拓展，为产业链上的各方主体提供更好的赋能和共享服务（见图 5-5），提升平台黏性以及对整个生态圈的掌控力。

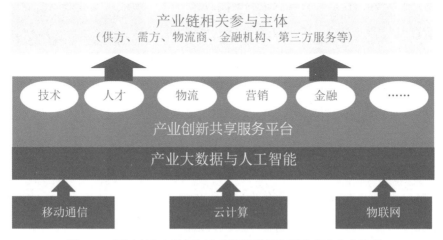

图 5-5　通过产业大数据与人工智能赋能和服务产业生态体系

产业大数据价值实现五原则：（1）数据实现闭环运营才有价值，静态数据价值微小；（2）多方数据实现连接运营才有价值，单方数据价值微小；（3）单方数据源头生产者的所有权确权、多方数据闭环运营的价值确认、价值分享契约的迭代，是产业级大数据的三大发展重点；（4）产业大数据共同体是发展趋势；（5）产业级数据中心是产业大数据的存储主体，产业互联网平台是产业大数据的运营价值挖掘、价值实现与价值分配的主体。

5.6.6　产业互联网转型是一个系统工程，需要专业综合服务

产业互联网转型是一项涉及理念思维转变、商业模式创新、机制改革、IT平台开发和新技术应用以及增长运营的系统工程，需要从"转思维、创模式、改机制、建平台"四维度推进（见图 5-6）。

转思维需要从决策层到核心运营团队的理念转变，包括从企业家到产业家、

从封闭到开放、从竞争到竞合、从竞争优势到生态优势的系列理念共识达成；创模式，包括对产业痛点/刚需场景的识别，对现状资源的能力评估，对产业存量资源的整合，产业链新价值的创造和盈利模式设计；改机制包括产业互联网新公司的股权结构设计、运作机制设计、产业链利益机制设计等，以最大化地激发平台企业管理团队的活

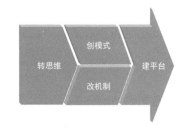

图 5-6　四维度推动产业互联网转型

力，增强产业链各方参与主体对平台的黏性；建平台包括建立线上线下融合的产业互联网运营流程和 IT 系统，为持续的运营增长提供支撑平台。

因此在产业互联网转型中必须做好系统规划和持续的运营落地。在整体商业模式规划下，进一步明确实施路径与阶段投入产出计划，保证模式、机制和平台搭建的关联协同；在实施落地阶段，需要 IT 平台建设、运营服务体系以及各种资源的导入与对接。因此，产业互联网平台企业必须学会有效地整合外部资源，尤其是选择具有产业互联网综合服务能力（见图 5-7）的专业机构共同推进，从

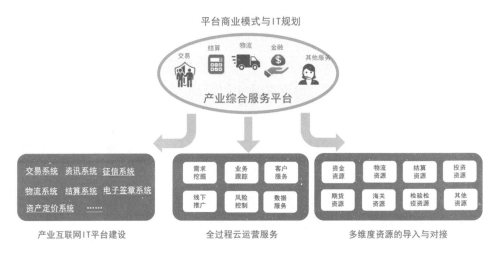

图 5-7　产业互联网综合服务能力

而避免风险，少走弯路。

5.6.7　产业互联网短期不会形成寡头垄断，但领先者具有先发优势

产业体量巨大，同时 ToB 市场和 ToC 市场的模式完全不同，所以 ToB 业务的复杂度和较高的行业壁垒，使得产业互联网难以快速形成寡头垄断。当然先发展起来的产业互联网平台会形成一定的先发优势。

在大部分行业，产业互联网还处在成长阶段。通过聚焦部分细分产品品类、围绕部分客户或者区域做深、做透，实现产业互联网模式下的新价值创造和市场渗透，就可以取得一定的发展空间，并为未来进一步的产业整合、参股并购等提供标的。产业往往能容纳多家上市公司。

5.6.8　产业互联网发展不能急功近利，要有战略定力

产业的复杂度注定了产业互联网的整合是一个相对长期的过程，不可以一蹴而就，也不可以照搬消费互联网的商业模式与业务增长路径，更不可以为了吸引眼球而快速实现指数级增长。因此产业互联网企业一定要保持战略定力，不能一味地追求某一环节或某一链条的快速增长，而忽略产业资源在线化、产业链的价值提升、可持续运营和不断优化。只有扎实的积累产业数据，稳妥地推进一个又一个 MVP 落地，通过量变引起质变，实现产业生态的全面发展，才有可能走得更远。在整个产业互联网演化迭代发展的过程中，坚持创立公司的初心，为了实现愿景目标而坚持也是一个产业家的重要品质。

5.6.9　产业互联网公司的混合所有制改造将会成为一种趋势

产业互联网提供的是一种平台化的服务模式，建立基于产业共享服务的运营平台公司是基本的要求。由于产业链上中下游业态的多样性与复杂性、产业资源

的异质性与互补性，按照产业互联网"六位一体"的推动模型，运营平台公司采用多元化的混合所有制将成为产业互联网平台公司的首选。

对于产业互联网平台的发展，产业资源导入的重要性远大于单纯的资金投资。以产业链上的国有核心企业股权投资＋资源投入＋供应链结算资金，与核心管理团队或者产业链上的民营骨干企业形成的混合所有制产业平台模式，将会取代传统 2B2C 平台的风投模式，将民营企业体制机制优势和国有企业资源信用的优势进行互补，并进一步激发平台组织的活力，为产业链上下游客户提供真正有价值的服务。

5.6.10 需要持续推进产业互联网共享价值观与行业治理规则的建设

在产业互联网平台建设的过程中，有三点非常重要，具体如下。

1. 共建共享价值观沟通

产业互联网的发展，首先要有统一的价值观。产业互联网通过降低每个环节的成本，提高每个环节的效率，带来产业链整体的升级，创造整体价值；各环节、各个企业的核心利益没有被分食，反而增强了，共享产业链整体的降本增效带来的增值红利；企业不分大小，资源共享，去竞争为合作，去单线合作为共同合作。

要让一部分首先参与平台共建的企业先享受到平台的便利和价值，因为连接意味着在线、透明，与一个更大而且不断成长的信息透明体形成利益同盟，与一个供应链管理技术更强大的平台共享资源和技术，都付出一些资源，都开放一些关键信息，统一作战策略，一致行动。

2. 联合演习（深度沟通）

重新打一场实战，证明生态圈的价值更大。要么价格卖得比自己单干更好，要么成本更低，效率更高，然后，使产业生态各方更坚定地连接上来，开放更多的信息和资源，更大规模地一起作战。于是，平台利他的同时，也获得加速增长。

3.总结经验，形成行为规范或者组织革新

产业规则与治理是在实践中逐步达成共识并总结复盘、持续完善的，成为大家公认并共同遵守的规则。这个规则对产业的高质量、可持续发展具有重要作用。用治理级别的合作来降低交易级合作的不确定性与反复猜测中的交易成本，从交易级的合作再走向治理级的合作（合资、协议约定）。

本章小结

对于产业互联网的成功，创始团队的"天赋"非常重要，包括对产业互联网的思维认知及所具备的资源和能力。产业互联网公司不同的发起背景和出身决定了其不同的优劣势和路径选择。

本章结合几个典型的产业互联网实践和案例分析，分别阐述了其不同的特点和发展路径，并在最后总结了其共性的成功经验。

对于行业龙头企业发起的产业互联网平台，其优势是产业资源、专业能力、人才团队、资金实力往往都不缺，需要重点关注的是机制的创新，如何从大企业的循规蹈矩中裂变出一个具有互联网企业基因的、锐意进取的新业态子公司，通过再创业实现裂变式增长。

对于区域政府联合行业骨干企业发起的区县特色产业集群产业互联网平台，其优势是产业资源丰富，政府推动有公信力，然而对于产业互联网思维认知的提升、人才团队的缺失是其要实现突破的主要瓶颈。保证政策支持的持续性、联合专业服务机构组建合适的运营团队、制订务实的目标计划和发展路径，是产业互联网推进的重要保障。

对于供应链枢纽企业和数字化服务商向产业互联网平台的升级，产业洞

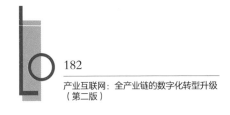

察力和专业的服务能力是其重要的倚仗，在缺乏资源和资金的情况下，进行细分领域的聚焦切入和精益创业至关重要；要快速迭代、小步快跑，通过扬长避短，将优势发挥到极致；先纵向做深、做透，不断打造和加强"护城河"，再进行横向品类拓展，从而实现可持续发展。

以上都是单个产业互联网平台建设的实践，产业互联网平台企业作为产业级的交易结算入口，受到各类产业园区招商的青睐。产业园区要积极招商和赋能产业互联网企业，打造产业互联网集聚区，建立"服务平台的平台"，从不同发展阶段的需求切入，提供赋能服务，通过聚集相关要素资源，形成推动产业互联网发展的创新生态。

第六章
产业互联网的典型解决方案

在不同的产业场景中，产业互联网从业务架构到 IT 落地，有哪些典型特征和具体的功能需求？如何设计符合产业场景特征的解决方案？本章基于产业互联网落地实践，介绍几种基于典型产业场景的解决方案设计，供读者借鉴。

◆ 6.1 基于大数据的产业链动态图谱

不管是区域政府推进产业链"链长制"以实现补链、强链、延链，还是产业互联网平台企业打造产业链生态圈，对于产业链的构成、产业链的布局等进行全景式了解都非常重要。在过去的传统模式下，对于产业链的洞察基本都是基于局部的调研数据或者来自实践经验的判断，随着大数据技术的应用发展，基于大数据的产业链动态图谱应运而生。

6.1.1 基于大数据的产业链动态图谱特点

所谓产业链动态图谱，指具体产业部门之间基于一定的技术经济关联，并依据特定的逻辑关系和时空布局关系客观形成的链条式关联关系形态。

基于大数据的产业链动态图谱，即通过全产业链的视角，利用大数据技术针对海量的互联网信息进行采集分析，利用人工智能技术进行产业链节点的逻辑关系构建，从而对产业链全景进行扫描梳理，充分反映产业链上下游的价值链关系、产业分布和集聚度、产业指数和产业发展动态等。

1. 基于大数据的产业链动态图谱的特点

（1）垂直性。产业链动态图谱对某一垂直产业进行深入刻画分析。

（2）复杂性。产业链动态图谱包含多种不同的节点类型和节点关系类型，往往包含数十万产业相关节点信息。

（3）动态性。基于实时的产业大数据，产业链动态图谱的构造和内容随着产业发展时刻变化。

（4）真实性。基于全网不同维度的产业大数据的自动采集，产业链动态图谱避免了人工操作的可能产生的错误，能够真实反映产业现状。

2. 基于大数据的产业链动态图谱优势

（1）全面性。产业链动态图谱把复杂的产业领域关系及知识体系通过数据挖掘、信息处理、知识计量和图形绘制显示出来，显示该产业领域的发展动态及规律，为该领域的研究提供全方位、整体性、关系链的参考。

（2）智能性。产业链动态图谱是真实世界的语义表示，其中每一个节点代表实体，连接节点的边则对应实体之间的关系，非常适合整合非结构化数据，从零散数据中发现关联关系，从而支撑系统化、智能化的产业分析监控。

（3）认知性。产业链动态图谱是"产业大脑"构建的基础，通过贯通产业生产端与消费端，形成产业大数据的"采——算——管——用"体系，实现对产业要素的全面监测、产业瓶颈的智能分析、产业服务的精准对接，为企业生产经营提供数字化赋能，为产业生态建设提供数字化服务，为政府产业治理提供数字化手段。

6.1.2 基于大数据的产业链动态图谱的应用场景

1. 产业链动态图谱为政府提供了全新的产业监管和招商工具

产业链动态图谱可直接服务于区域政府的重要产业施政决策，同时服务于相关委办局对应业务服务场景。通过宏观、中观、微观不同层面的持续动态监控和评价分析，产业链动态图谱帮助政府监管部门更有针对性地制定产业发展政策，精准地进行产业招商，规范产业治理，推动产业创新和产业健康稳定的发展。

（1）宏观产业趋势分析。产业链动态图谱帮助政府全面了解产业链全景，宏观把握产业发展情况，持续进行动态的产业监控和评价，如风险预警、生态健康评价、产业系统创新评价等。

（2）中观区域产业洞察。产业链动态图谱帮助政府了解区域产业链布局合理性、产业迁移动态情况、产业链的薄弱和瓶颈环节，帮助政府更有针对性地制定补链、强链、延链政策，实现产业链精准招商。

（3）微观优质企业扶持。产业链动态图谱帮助政府了解产业中企业发展速度、质量、创新情况等，了解企业最新动态、发展活跃度等情况，以及产业链不同节点上竞争合作情况、产业上下游供需匹配情况等，从而对企业进行针对性的扶持和政策支持。

通过产业链动态图谱打造区域产业监管平台，将帮助区域政府实现对区域产业集群的日常监控、风险预警、宏观调控、精准施政等多个层面的管理需求。

2. 产业链动态图谱帮助企业／金融机构进行产业洞察和有效获客

产业链动态图谱通过对于产业链上下游全局、系统的全景呈现，可以实时了解产业链节点企业现状，将有助对于产业现状的全面深度洞察。大型企业或者金融机构可以通过对目标行业客户的产业链动态图谱构建，更好地发现潜在客户企业的需求，有效获客。产业互联网平台型企业可以通过搭建产业链动态图谱，为平台上的企业用户提供以下数据资讯服务。

（1）找商机。利用产业链动态图谱中的企业及招投标等文本信息，企业可以快速找到产业链上下游相关联的企业、招投标、项目申报等商机信息，发掘潜在客户。

（2）找竞品。利用产业链动态图谱上下游产品节点关系，企业可以快速找到自有产品的其他竞品信息，了解竞品核心技术及所述情况。

（3）找供货商。利用产业链动态图谱的产品间原材料信息，企业可以快速找到更多的产品原料供货商。

3. 产业链图谱帮助高校/研究机构进行产业研究和实践教学

国家大力推进产教融合，加强以产业需求为导向的人才培养。随着产业数字化的推进，传统产业升级日新月异。如何使高等教育跟上产业发展的步伐？如何使在校大学生能够更及时地了解产业发展动态和趋势，培养产业链的全局思维和系统思维，了解新的产业人才需求变化，成为数智化时代的高端应用型人才？对此，越来越多的高校引入数智化产业实践教学。

基于大数据的产业链动态图谱将为高校产业经济学、供应链管理、大数据应用等专业课程的实践教学提供很好的教学支持，通过产业链洞察和大数据应用的结合，培养兼具商业思维和科技思维的融合创新人才，同时帮助相关专业的老师和学生更好地开展相关产业课题的研究工作。

案例：长三角生物医药产业链动态图谱打造

由 AMT 与上海财经大学人工智能实验室基于双方产业链研究分析能力与大数据人工智能技术优势，联合为多地政府打造基于大数据的产业链动态图谱。以下我们以长三角生物医药产业链动态图谱的案例来看一下具体的实践方法和价值。

一、生物医药产业链分析的意义

政策制定方面，帮助产业监管部门了解长三角地区生物医药产业发展现状，针对性地制定生物医药相关的监管、扶持、引导政策。

产业规划方面，帮助产业规划部门了解长三角地区生物医药产业发展趋势，清晰把握发展迅速的产业细分领域，更好地进行区域生物医药未来产业规划。

招商引资方面，帮助招商引资部门了解周边省市生物医药潜在的优质企业，精准定位重点产业发展节点上的优质企业。

"腾笼换鸟"方面，帮助产业管理部门了解长三角生物医药产业竞争合作关系，强化区域间产业互补优势，避免区域间产业恶性竞争。

二、生物医药产业链全景图的构建

产业链动态图谱的构建首先需要打造产业链全景图。产业链是我们做产业分析的基础框架，所有的产业经济分析都要首先构建出针对产业的产业链动态图谱，有了这个图谱之后，才能开展后续一系列分析。

图 6-1 展示了生物医药产业的树状图谱，它是生物医药产业的种子节点，

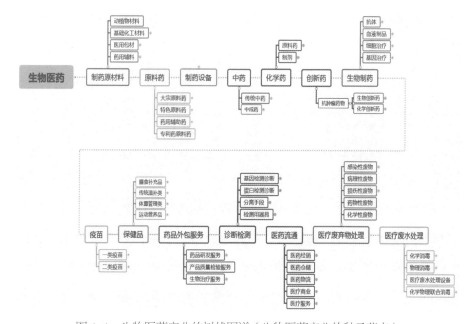

图 6-1 生物医药产业的树状图谱（生物医药产业的种子节点）

是整个产业的基础所在，这张图让我们对长三角地区生物医药产业有了基本的、直观的认识。

有了这个基础之后，基于海量的生物医药相关专利、百科等专业文本信息，识别出生物医药产业细分节点，利用知识图谱构建技术，将这些产业细分节点自动延展到种子节点上，形成大规模的产业链动态图谱。计算机最终会生成一个产业链全景图，这里所有的结构和节点关系是相关联的，是网状结构，信息数量超过43万条。

接下来，在产业链全景图的基础上，可以建立产业集群分布图，即通过将产业节点上的企业，基于地理位置在地图上呈现，可以让人清楚地看到产业相关企业的分布情况，在一个区域哪些产业节点集聚度高，哪些产业节点相对缺失，还可以进一步进行区域对比，比如产业链关键节点上的相关企业在长三角各区域的分布数量对比等。举个例子，同样是形成了产业集群，但是合肥的产业集群主要集中在中药、中成药，而苏州和上海的产业集群主要集中在创新药、基因治疗等领域。

三、结合产业场景进行产业链动态图谱的深度挖掘分析

有了产业链全景图之后，我们就可以进一步结合具体的产业场景问题和需求，通过大数据分析其现状和背后的原因，从而找到改进的方向。

比如针对产业链强链、补链，通过生物医药产业集群分布图可以发现，一些地区在生物制药、诊断检测等方面比较有优势，但是在激素类、特色原料、医用包材等偏产业上游的产业节点上则处于相对落后的阶段。

再比如针对生物医药的产业招商，通过对于生物医药企业迁入迁出情况分析，在产业链图谱上可以清楚地分析出迁出的企业都流向了哪里，以及哪些企业是有可能流失的，进一步可以挖掘分析造成流失的主要因素是什么，如环保政策的出台、人才和创新环境的影响等等。通过一系列抽丝剥

茧的分析，对于区域政府的产业政策制定和招商可以给出清晰的决策支持和指导，这也是基于大数据的产业链动态图谱的巨大价值所在。

◆ 6.2 大宗商品产业互联网解决方案

大宗商品是指用于工农业生产与消费使用的大批量买卖的物资商品。在金融投资市场，大宗商品指同质化、可交易、被广泛作为工业基础原材料的商品。大宗商品也可作为期货、期权等金融工具的标的来交易，具有金融属性。大宗商品主要有能源化工品、基础原材料和农副产品三大类，如能源化工品有煤炭、原油、天然气、天然橡胶等，基础原材料如铁矿石、铝土矿、金矿、银矿等，农副产品包括玉米、稻谷、小麦、大豆、棉花等农作物。

由于大宗商品的相对标准化以及具有规模性，同时具有一定的金融属性，大宗商品产业互联网展目前已经发展得相对成熟，从交易平台进一步延伸到产业链的仓储物流、供应链金融、数据资讯等集成服务。我们来看一下其具体的产业场景特点和典型 IT 解决方案架构。

6.2.1 大宗商品贸易的典型特点和痛点

1.标准化的交易和个性化的交收的结合

在交易和交收上，大宗商品的交易更多的是使用一种报价的方式，通俗来讲就是一种标准化的报价，所以，它的交易的标准化程度是比较高的，报价的频度也比较高，价格波动比较快，而且波幅也比较大。另外，价格又是比较透明的，且非常容易被查看。但它的报价又是不透明的，因为报价是以匿名的方式进行的。所以，这种大宗商品的交易更多的是通过期货交易、基差交易的报价来完成的。

但是大宗商品最终还是要落地到实体产业的。它对具体的商品的品质及物流的配送有具体的要求，从交收来讲，个性化的程度又比较高。所以说，它是一种标准化的交易和个性化的交收的结合。

2. 资金金额大，时效性要求高，合规要求高

从资金的结算方面来说，结算的资金金额一般比较大，从几十万到上百万都有，而且都是单笔交易。大宗商品交易对到账的时效性要求比较高，因为它的价格波动比较快，资金到账以后合同才能生效。还有，它涉及企业的线上交易，对财务税务方面的合规性要求也比较高。

3. 运输成本占货值比重大，物流相对复杂

在物流配送上，大宗商品货值总体上不是很高，所以物流的成本在整个货值上占比相对比较大，普遍要占到10%—20%，甚至更加特殊的大宗商品，比如沙石，可能将近80%—90%都是物流成本。另外，其运输方式也比普通电商的物流要复杂得多，是通过一种多式联运的方式来完成的。物流中因为涉及很多货权的转移，甚至在做供应链金融时可能还涉及第三方对货权的管控和转移，所以它对货权的管控要求也是比较高的，存在着一定的风险。

4. 垫资金额大，回款周期长

大宗商品交易对流动资金的要求比较高，因为它的垫资金额比较大。从回款上来讲，因为它的物流线比较长而且复杂，整个运输周期长，还会有一个账期的问题，所以说，整个回款的周期也是比较长的。

6.2.2 大宗商品产业互联网平台核心功能

针对大宗商品整个贸易过程的特点，如何利用产业互联网思维打造大宗商品产业供应链集成服务平台呢？AMT在长期实践中形成成熟的大宗商品解决方案，搭建了大宗商品产业互联网平台架构（见图6-2），具体包括以下核心功能。

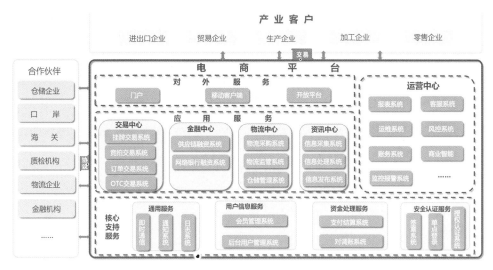

图 6-2　大宗商品产业互联网平台架构

1. 在线交易：支持交易场景下的多种业务模式

大宗商品产业互联网平台中的交易方式包括现货交收和订单交易。现货交收是指买卖双方发布高度特性化供求信息，并且点对点匹配自己交易需求的挂牌条目，进行议价交易。这种方式满足客户对货品的个性化（品质、交割地点等）需求。而订单交易是和大商所或政商所对接的、基于期货点价的基差交易模式，帮助客户锁定成本和利润，对冲价格波动的风险。这种方式既保证交收，又实现避险套利，而且保证金交易制度配套金融服务能加快资金周转。

基于期现结合的交易服务，将大宗商品的报价比较灵活、快速、标准的特点和交收比较个性化的特点进行结合，能够快速地进行价格的锁定和点价，又能进行各种个性化的交收，包括个性化的品质属性的设定、交货地的选择等。这是和其他标准 B2B 电商不一样的交易模式。

2. 电子签章和电子合同：防伪造，防篡改；线上签署，方便快捷

产业互联网的核心在于企业和企业之间的协同，在这一过程中涉及大量的交

易行为及物流服务、金融服务、技术服务等。这些业务协同、交易会产生大量的数据、交易凭证、单据、文件等。借助电子签章，可实现在线生成制式合同、在线签约、在线审批、在线存储，形成线上的合同、支付、单据等完整记录，实现交易、协同的数字化；同时电子签章更好地实现了将各种数据进行线上的认证和签名固化，可用于线上确权，为后续可能产生的法律纠纷提供了更强有力的证据，为产业互联网大协同构建安全底座。

电子签章作为一种身份验证工具，可灵活应用于各种业务场景，能对业务起到提高效率、保障真实有效性的作用。电子合同受《中华人民共和国电子签名法》保障，具有足够高的法律效力及高度权威性，其对应的数字证书由国家信息产业部批准的第一家全国性电子认证 CA 签发，能确保电子合同签署有效性。此外，电子签章的合同和货权凭证电子文件防伪造，防篡改，直观形象，便于保存与传送。

同时，与其他单独做电子签章的服务商不同的是，我们把技术手段和业务做了一个深度的整合，不光是线上订立的合同，交收流程的各种单据、结算单，物流交货的单据也都放到了线上，通过电子签章、实名认证的方式来解决线上订立的合同的法律有效性问题，也解决了篡改、伪造等问题。

3. 在线支付结算： 7×24 小时大额快捷支付，安全可靠，手续费率低

针对线上大宗商品交易的资金结算特点，平台主要通过银行的多级账户体系来实现，在符合人民银行对于资金管理的合规性要求的前提下，实现了便捷实时的资金结算，可以做到 7×24 小时大额资金的实时结算，包括异地跨行及银行的回单等。另外，交易手续费与第三方支付相比也是非常低的。

大宗商品产业互联网平台中的在线支付结算平台（见图 6-3）将通用支付结算功能封装成对外服务的标准接口，无缝对接上层业务平台。此外，在线支付结算平台还支持与外部系统的对接，可对接企业财务系统如 SAP、用友、金蝶等，实现财务数据同步；对接各银行，实现资金划转和冻结；对接税控系统，实现在

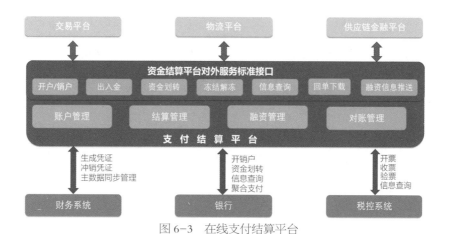

图 6-3 在线支付结算平台

线发票管理。

4. 多式物流联运：在线物流业务管理、全程可视化监控系统

多式物流在线解决方案为物流服务的组织及采购、物流运输及仓储活动的执行监管、每个阶段及节点状态的变化和跟踪、货物的监管、货权接收和释放的管控、相关业务商务结算等提供完整支持（见图 6-4）。这里的物流服务定位于产

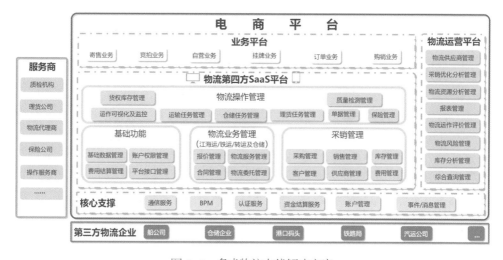

图 6-4 多式物流在线解决方案

业互联网平台提供的第四方物流，更多地整合了第三方物流企业及相关服务商，包括质检机构、理货公司、物流代理商、保险公司、操作服务商等。

多式物流在线解决方案不仅覆盖了前期物流委托、报价，中期仓储、运输管理，后期费用结算的业务系统模块，还包括全程可视化监控系统，为供应链金融的风险管控提供支撑。

（1）在线物流业务管理。在线物流业务管理包含了客户及供应商的物流服务委托询价、报价、合同、费用结算等功能，并通过统一单据格式和内容，有效提高了现有物流业务的相关流程的效率和水平，提升了业务处理速度。

（2）全程可视化监控系统。此系统结合供应链金融、在线交易的特殊需求，集第三方物流相关服务的在线采购及监管、物流相关服务商的相关流程及活动任务的执行分配和监管、在线交易和供应链金融相关物权货权的监管于一体，实现相关单据、物流相关活动、货权状态全程可视化监管，达到"来源可追溯，去向可查证，位置可确认，责任可追究"的总体要求。以货物在运输环节各主要流通节点信息采集为基础，以物联网技术为手段，实现运输配载、仓储监管、在途管控与交付结算，实现物流执行活动在地理范围、时间范围的可监控，还能对货权、物权状态进行实时可视化的跟踪和全程监管，保证货物的安全性。

5. 在线供应链金融：通过四流合一，为资金进入实体经济提供安全通道

大宗商品产业互联网平台连接第三方金融机构，为大宗商品产业链中的企业提供静态/动态质押和基于产业链核心企业的应收账款保理业务。供应链金融的模式非常多，包括实物质押、应收账款、票据、融资租赁等。不同的供应链金融的模式包括不同的资金方，在业务的流程、风控的措施方面都有所不同，但其最核心的是打通资产端和资金端，即资金端通过平台能够更好地来监控实体的资产，保证资产和数据的真实性。怎么保证呢？就要靠上面提到的实名认证、电子签章、线上的交易和结算、全程的物流管控和仓储等。以上功能把所有线下资产进行了

线上化，通过平台就可保证资产的真实性和可控性。这种情况下，在把资产推送给资金端的时候，就可以更好地帮助资金端管控风险。将区块链技术运用在大宗商品产业互联网平台中能保证产业主体的上链数据真实，同时依靠区块链技术的智能合约可保证多方主体共同参与的数字化合约安全、快捷。

综上所述，大宗商品产业互联网解决方案既需具备主流电商平台的高效便捷，又要具备金融系统的安全稳定。它囊括了在线交易、在线结算、电子签章、在线物流管控、在线供应链金融等功能，还运用区块链的技术保证数据的真实性、可靠性。同时，它集合期货交易所、金融机构、港口码头等多维度的资源导入和对接，打通整个产业链条的各个环节，为大宗商品产业链从业者提供"交易、结算、物流、金融"的一站式服务。

案例：尚粮科技——大宗农粮产业互联网实践

天津尚粮网络科技有限公司（简称"尚粮科技"）于 2017 年成立，旨在打造大宗农粮一站式物联网＋金融风控服务平台，提供从生产商到消费商的交易服务，确保整个交易链条成本低，效率高。尚粮科技本着服务农粮全产业链，集交易、物流、金融、资讯、金融科技、保障功能于一体，提供"履约保障的新交易／结算方式＋风险管理交易工具＋现代大物流＋供应链融资"解决方案，不断利用竞价、预售、挂牌等互联网最新技术和区块链技术，打造农粮领域互联网化运营平台。

食用油大宗品类是尚粮科技的主要经营品种之一。食用油的产业链比较短，上游是大型榨油厂，包括中粮、益海、嘉吉等，基本上都分布在沿海地带。下游是内陆各种油脂消费型企业，比较小，而且比较分散。

大型榨油厂的原材料主要是进口的，从美国、南美等国家和地区进口大豆，然后在沿海的榨油厂进行压榨，再对内陆进行分销。它们的采购都是基于大宗物流再加上期货交易来完成的。境内小的油脂消费型企业与油厂的贸易都是以现款现货的方式来进行的，而且是自主上门提货。

这个产业链上存在哪些痛点呢？

首先，从交易来讲，油脂（包括原材料）价格波动非常大。比如中美的贸易战以后，大豆的价格波动非常大，对国内的油脂也有很大的影响；其次，小的贸易商需要现款提货，垫付资金的压力比较大；最后，物流操作方面，企业从沿海把货提到以后，自己组织物流，把货运输到内陆，这对小的贸易商组织调度能力要求比较高。这些都是油脂消费企业面临的问题。

通过以上大宗商品解决方案的实施，尚粮科技解决了以下问题。

首先，帮助油脂消费企业解决价格波动的问题。大的榨油厂主要是通过基差交易的方式来实现对销售利润的锁定，现在平台帮助中小油脂消费企业进行线上的基差交易，帮助下游的小油脂企业提前锁定采购成本，对冲价格波动造成的风险。

其次，降低物流成本。原来点到点的物流（汽运或者铁路）运输方式，价格非常透明，想要降低物流成本是非常困难的。尚粮科技采用了多式联运的方式，从沿海开始，先通过海运到达沿海港口（包括长江口的这些港口），然后再通过内河的水运，到达像武汉这样的一些节点，再通过铁路或者汽运的方式，到达内陆的重庆、成都、西安等地。多式联运的方式可以把物流的整个综合成本降低20%左右。

最后，在油脂消费的终端，建立商品的库存，解决下游客户的资金周转问题。通过基差交易和多式联运的物流方式，供应链从沿海的炼油厂延伸到了客户的终端。客户上午在期货盘上基差点价，下午就可以安排在家门口进行提货，或者平台送货上门，即随用随提货的方式，这样就减轻了客户垫付资金的压力。

这个案例里包含基于基差的交易、多式联运的物流、供应链的金融，这些服务都通过尚粮科技提供给产业链上的客户，解决了这些产业链中小企业在物流、资金等交易上的一系列问题。

◆ 6.3 农产品全链路数字化解决方案

农业是传统的产业，我国农业产业链效率低下，发展方式粗放，农业现代化程度低，农业被互联网改造的潜力很大。在我国的农业产业链中，供需结构错配和要素配置扭曲是制约农业发展的突出矛盾和问题，农产品供给还不能完全适应消费升级需求，农业供给侧结构性改革显得尤为重要。以产业互联网推动农产品全链路的数字化，实现产销打通，推动农业产业升级和乡村振兴发展是大势所趋。

6.3.1 农产品产业链的典型特点和痛点

农业产业互联网往往从区域规模比较大的单品产业集群切入，一类是种植类农产品，从土地开始到测土配肥、农资投入、种植生产、收获存储、产品加工、分销零售；另一类是养殖类农产品，从饲料生产加工、种畜繁育、养殖、屠宰、食品加工到分销零售。在整个农产品产业链中，要重点解决以下三个方面的问题。

第一个方面的问题是在生产端如何做好种植或养殖。具体包括品种优化（如种子改良、种苗培优等）、种植/养殖技术提升（如有机种植、无抗养殖等）、农业投入品的集采（农药、化肥、农机、饲料等）、生产过程的智慧化管理（如通过智慧农场和智慧牧场实现智能化作业和实时监控等），最终实现种植/养殖生产成本的降低、农业生产效率的提升、农产品的品质提升。

第二个方面的问题是在销售端如何把农产品更好地卖出去。农产品的销售包括 B 端（面向企业）和 C 端（面向消费者）。在销售过程中，一是如何减少农产品的中间流转环节，降低渠道成本，如目前大量的农产品产业互联网平台都是从基地源头直采，直达企业客户 / 消费者。二是提升品牌，比如建立区域公共品牌（针对一些地理标志性产品，如提到苹果产业，大家熟知的有烟台苹果、昭通苹果、陕西洛川苹果、新疆阿克苏苹果等），或者针对特定产品的品牌打造（如褚橙）。只有品牌化，才能保证合理售价，使整个产业链各环节保持合理的利润空间，避免谷贱伤农；有了品牌，才能进一步提升销量，并促进生产端的规模化和集约化，从源头降低成本。三是产品的标准化，农产品都是非标产品，而要实现基于互联网的在线化销售，必须将非标产品标准化，将产品变成标准化的商品，从而促进规模化销售。四是销售渠道的拓展，根据产品属性打开所有适合售卖的渠道，打通农产品的上行通道，满足各类不同的消费需求场景，从而最大化地促进销量的提升。

第三个方面的问题是如何做好供应链的支持保障。销售端各类生鲜电商、社区团购等新零售模式快速发展，并逐渐改变人们的消费方式、产品流通渠道和销售结构，而销售端的改变必然导致从订单、仓储、配送方式到产品包装等都需要调整和改变。在供应链中，主要存在三个问题：一是仓储配送如何满足消费端供应及时性的要求，尤其是鲜农产品容易腐烂，要通过全程冷链来降低供应链过程损耗；二是农产品涉及食品安全，供应链中的品质管控及打造全链条的品质追溯系统非常重要；三是如何进行产融结合，通过供应链金融产品的创新，把更多的金融引入进来，支持农产品产业链的健康运转。

随着以上产销打通和连接，不断提高以技术和数据为基础的供应链精细化运营能力，同时向上游生产端赋能，降低种植 / 养殖生产成本，提升农产品品质，继而进一步支撑品牌化，促进销售端的销量提升，支撑农产品的产业化和规模化，使农产品产业良性发展。

2021年，农业农村部办公厅印发《农业生产"三品一标"提升行动实施方案》农办规〔2021〕1号），明确提出加强我国农业产业链的"三品一标"，以解决当前农业产业链存在的核心瓶颈问题，引领农业绿色发展，提升农业质量效益和竞争力。我们提炼出了文件的部分要点，供农业产业互联网平台企业参考。

品种培优。品种培优的目标是打好种业翻身仗，加快选育一批新品种，包括发掘一批优异种质资源，提纯复壮一批地方特色品种，选育一批高产优质突破性品种，建设一批良种繁育基地。

品质提升。品质提升包括推广优良品种，研发创制农机装备，集成创新绿色生产技术模式，净化农业产地环境，推广绿色投入品，构建农产品品质核心指标体系和评价方法标准等。持续强化农产品质量监管，推行农产品质量全程可追溯管理。

品牌打造。这主要包括：培育知名品牌，打造一批地域特色突出、产品特性鲜明的区域公用品牌；培育一批"大而优""小而美"、有影响力的农产品品牌，打造一批竞争力强的企业品牌；加强品牌管理，建立农业品牌评价体系，强化农业品牌监管，促进品牌营销，提升品牌影响力。

标准化生产。这主要包括：推动现代农业全产业链标准化，加快产地环境、投入品管控、农兽药残留、产品加工、储运保鲜、品牌打造、分等分级关键环节标准的制定与修订；加快培育农业产业化龙头企业，带动大规模标准化生产；提升农产品加工业拉动，拓展农产品初加工，建设产地仓储保鲜冷链物流设施；发展农产品精深加工，推进农产品标准化、清洁化、智能化生产；打造一批绿色食品原料标准化生产基地和有机农产品生产基地。

6.3.2 农产品产业互联网平台的功能架构

基于以上对农产品产业链特点和痛点的了解，以及大量农产品产业互联网平

台建设实践，我们提炼出共性的农产品产业互联网平台架构（见图 6-5）。通过
七大产业共享服务中心和对应的功能模块，实现产销的打通，实现对产业链上下
游相关生态资源的数字化连接。

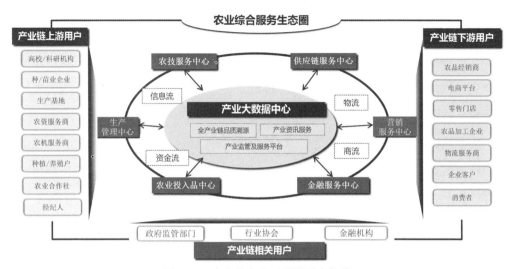

图 6-5　农产品产业互联网平台架构

1. 生产管理中心

生产管理中心对应智慧生产管理系统，主要是通过物联网、AI 等新技术的
应用，实现对农业生产过程的智慧化管理，比如无人机播种、智能灌溉、自动化
收割和分拣、智慧养殖等，同时通过对生产基地各类环境信息、生长信息和耕作
信息的实时化监测和远程管理，为农业生产提供数字化决策支撑。

2. 农技服务中心

农技服务中心主要负责相关农业生产技术的引入和推广，包括与相关科研院
所的合作和对接、相关技术资源库的建设、技术推广中的新农人教育培训等。

3. 农业投入品中心

农业投入品包括各类农业生产资料的采购和管理，如种子、农药、化肥、饲

料的集中采购管理，通过集采实现对投入品的规范化管理和品质管控，加强对绿色农资产品的推广，以及农机设备的分时租赁和共享使用管理等。

4. 营销服务中心

营销服务包括各类销售渠道的拓展，为相关营销终端（如零售门店）提供营销工具赋能，与各类大型平台销售系统（如其他生鲜电商平台）对接，实现销售数据打通，与供应链系统形成对订单管理的闭环。

5. 供应链服务中心

供应链服务涵盖了 OMS（订单管理系统）、TMS（运输管理系统）、WMS（仓储管理系统）等，从订单跟踪到物流交付，实现交易到交付的完整闭环。

6. 金融服务中心

金融服务主要依托于产业链的闭环交易和数据，围绕产业链的场景提供相关供应链金融产品，比如在生产端对农户农业投入品采购的供应链金融支持、在流通端基于云仓和质押的供应链金融服务等。

7. 产业大数据中心

通过以上各服务中心相关业务系统的大数据集成，形成全产业链大数据，支撑全链条的溯源管理；为产业用户提供产业指数、价格行情等相关数据资讯服务；为政府提供产业监管平台，服务于产业政策制定，推动产业治理和服务优化。

案例：苹果之城的产业互联网实践[1]

苹果产业是云南省昭通市的特优主导产业，迄今已有 80 年的栽培历史。近年来，昭通市按照苹果产业、苹果品牌、苹果之城"三部曲"的思路，用现代的理念、模式、技术来改造并提升传统产业，实现苹果产业规模与质量、

---

1 孙月秋.云果产业互联网的探索与实践 [J]. 产业新生态 .2022（3）.

品牌与效益的同步提升。

在国家大力推进"乡村振兴"和"数字经济"的背景下，云南省昭通市对当地苹果产业做出了新的尝试，打造苹果产业互联网，构建昭通苹果产业创新发展新动能，推动昭通苹果产业数字化转型升级。

一方面，苹果产业互联网要实现对产业链的延伸，通过引入科研及种植技术服务主体，提升育苗产量，引导周边种植户转变种植理念，实现丰产增效；升级分选及加工服务能力，建立起集育苗、种植、加工、冷链为一体的现代农业产业基地，实现产业融合；此外，引入专用投入品服务商，为广大农户提供全面、优质的产品和服务，推动食品安全和品质提升。

另一方面，提升价值链。通过苹果产业互联网的搭建，提升果品的商品化率。所谓商品化，就是标准化和品牌化。想要针对区域产业树立标准、打响品牌，往往成本较高，所以只有通过产业化及规模生产和经营，才有可能实现商品化；通过吸收实施方的行业咨询能力和理解能力、强大的中下游市场辐射能力以及与政府国企间的交流能力，能够很好地提升区域品牌价值；同时，通过苹果产业互联网降低生产、供应链及渠道成本，真正实现降本增效，提升价值链。

苹果产业互联网由昭通超越农业有限公司、云果产业大脑共同搭建，通过各自的优势，构建以苹果产业为根基，标准为基础，数据为核心，互联网为手段的产业化运营体系（见图6-6）。

苹果产业互联网实践具体分成三个阶段实施。

第一阶段：建设基地种植管理系统、集成现有系统数据、建设调度指挥中心，先实现果园种植、生产的数字化

智慧果园种植管理系统是为果园主及果园管理人员提供的一套全面的农事管理系统，能够帮助果园主管理好基地。管理人员可以通过手机、平板电脑、

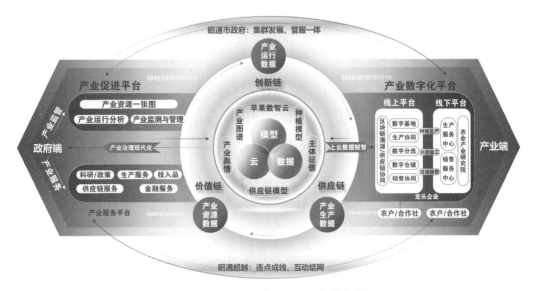

图6-6 昭通苹果产业互联网的业务蓝图

计算机等信息终端实时查看基地环境要素和作物长势，同时支持水肥一体化系统接入，通过信息终端远程查看或控制智能灌溉等设备，从而实现园区集约化、网络化、智能化管理，达到降低虫情病害，减少施肥用药，降低劳动强度，减少人为责任风险，提高品质、品相，实现绿色、健康、可持续发展的目的。

可视化调度指挥系统基于已有的果园管理体系，在三维模型、GIS引擎、720度全景地图中做模型开发，进行地块信息、技术管理信息、耕作管理信息、生长动态信息、现场视频等可视化展示和远程管理，利用物联网技术对气象、土壤、图像、定位等资源环境数据进行数字化采集。此外，通过对果园"四情"的监测预警及气象监测预警基础设施的建设，促进农业生产管理更加精准高效。

第二阶段：建设供应链系统、销售系统实现果园销售及供应链的数字化

作为供应链系统的核心模块之一，区块链追溯系统围绕种植环节、采收

环节、加工物流环节、仓储管理环节及交易环节，提供苹果产品全产业链追溯的 SaaS 应用，为每一个产业链环节中的企业都能够使用上对应环节的追溯信息化系统。同时，区块链追溯系统也使得各参与环节连接更加高效、可信，将生产者与消费者紧密连接，实现全过程可追溯及生产关系的智能化，帮助企业打造苹果品牌，帮助政府实现全程安全监管。数字果园内进行的农事记录及投入品使用记录、物联网设备采集的果园环境数据会自动上报追溯平台，并上链至区块链平台进行存证，防止篡改，为后续果品溯源提供坚实的技术保障。

第三阶段：通过大数据、人工智能等技术，实现全链条的智慧化

主要目标是建设产业促进平台与产业服务平台，实现苹果产业管理服务一体化、治理现代化；做好产业链图谱建设，进行产业运行分析、产业监测与管理，提供相关政策服务；建设苹果产业大脑，深化产业数据赋能，围绕苹果产业供应链、价值链、创新链，整合农业生产数据、产业资源数据、产业运行数据，促进数据与产业决策深度融合。

◆ 6.4　制造业产业数字化解决方案

中国正处在从"制造大国"到"制造强国"的转型路上，随着数字化转型的不断推进，产业互联网与工业互联网的数字化系统集成逐渐打通。实现从大规模生产制造到按需生产、以销定产、个性化定制等新型制造模式转型，以及实现从需求侧到供给侧的全链条产销协同，成为制造业数字化转型的方向。

6.4.1　制造业数字化转型典型范式

2020 年 4 月，在国家发展改革委、中央网信办发布的《关于推进"上

云用数赋智"行动 培育新经济发展实施方案》（发改高技〔2020〕552号）
中提到"大力培育数字经济新业态，深入推进企业数字化转型，打造数据供
应链，以数据流引领物资流、人才流、技术流、资金流，形成产业链上下游
和跨行业融合的数字化生态体系，构建设备数字化—生产线数字化—车间数
字化—工厂数字化—企业数字化—产业链数字化—数字化生态的典型范式"。
从这个典型范式中可以看到，制造业的数字化转型是一个"点、线、面"全
链路、全要素、全场景的数字化，既包括"点"上的"设备数字化"，也包
括"线"层面的"工厂—企业—产业链"的数字化，最终形成"面"上的"数
字化生态"。

　　在具体的实践中，不管是从点、线、面哪个维度切入进行制造业数字化的企
业都在往上下游延伸，以实现进一步的数字化连接与打通。

1. 从产业互联网延伸到数字化工厂服务

　　大量产业互联网平台往往从产业链上下游的交易起步，延伸到仓储物流等供
应链服务，以及进一步发展出供应链金融和数据资讯服务。完成以上产业链上下
游的企业互联之后会发现产业提升的价值有限，因为制造业的主要瓶颈在于工厂
生产环节的低效。因此，工业制造类的产业互联网平台开始向制造企业内部的数
字化服务延伸。如国联股份2021年启动"三年百家"云工厂计划，计划用三年
时间为上下游百家厂商提供云工厂解决方案，涵盖了生产数字化、管理数字化、
物流数字化、质检数字化、能耗数字化等服务。

2. 从工业互联网到产业互联网

　　当通过数字化工厂完成了对生产制造端的智能化改造，实现产能可视化、生
产调度智能化、质量可追溯之后，通过数据协同为产能共享、反向定制、C2M
等产业供应链创新提供了条件。工业互联网平台企业通过服务内的行业众多制造
企业，实现对工厂的数字化改造和连接后，就可以进一步连点成线，再到面，打

造产业互联网平台，实现产业级的产销协同和资源配置优化。典型案例如 3.6.2 中提到的汉帛国际集团，通过"智造云"赋能中小服装制造商，提升服装生产制造端的标准化、专业化和智能化，并进一步通过"行业云"与下游客户企业进行数字化连接，实现产业链上下游的供需精准匹配，最终形成服装产业的综合数字化赋能平台。

6.4.2　工业互联网与产业互联网融合解决方案

不管是从产业互联网到数字化工厂的数字化深度渗透，还是从工业互联网到产业互联网的数字化连接打通，随着数字化转型广度和深度的拓展，工业互联网和产业互联网最终将走向集成融合，形成制造业全面数字化转型。

图 6-7 显示了典型的制造业全面数字化解决方案。在产业互联网方面，实现产业链上下游的供应链服务、智慧物流、供应链金融、数据与资讯服务，并为企业提供 SaaS 化营销管理系统，实现智慧物流与营销系统的闭环管理；在制造企

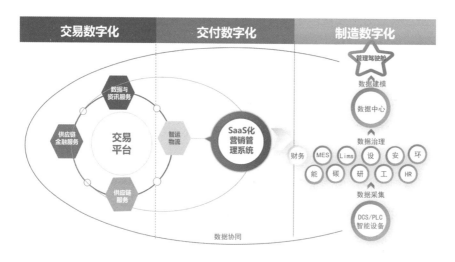

图 6-7　制造业全面数字化解决方案

业的数字化方面，通过智能设备的全面感知和数据采集，实现生产过程、测试过程、设备管理、安全环保、能源管理、人力资源及财务管理等领域的全流程数字化与智能化，进一步通过数据集成和建模，形成企业级管理驾驶舱，支撑智能决策和管理。最终不管是从企业端还是从产业端切入，都要通过数据协同，实现"交易数字化——交付数字化——制造数字化"全链路闭环管理。

案例：中建西部建设——打造混凝土产业链综合服务平台

中建西部建设股份有限公司（简称中建西部建设）是中国建筑集团打造的第一家独立上市的专业化公司，是混凝土业务的唯一发展平台。中建西部建设致力于打造面向混凝土行业全产业链服务的产业互联网平台，于2021年成立砼联数字科技有限公司运营混凝土互联网平台，促进产业数字化转型。

随着政府监管的加强和环保升级，混凝土行业高质量发展的要求越来越高。同时，行业过度离散，产品同质化，企业无序低价竞争造成了业内的零和博弈，导致质量事故频发，行业的可持续发展面临诸多挑战。砼联科技基于深度的产业洞察和实践，认为仅仅从工厂出发，无法从根本上改善行业的发展现状，而是需要一方面从行业全局构建新的行业共享共赢模式和生态，另一方面从企业局部改变传统治理模式，从预拌厂这个点上实现智能制造工艺流程的突破，一起推进从预拌厂到企业到行业的新型发展模式。因此，砼联科技推出从以下三个维度的系列产品解决方案。

一、砼智系列产品——智慧工厂解决方案

砼智系列产品改变以往传统工厂围墙的边界限制，将物流配送、项目施工等过程要素统筹考虑，用信息技术重新定义生产服务过程，构建符合市场供需的新一代智慧工厂，实现全面感知、柔性生产、敏捷服务、绿色安全、

科学决策、产业协同等，具体包括智慧工地、智慧物流、智能制造、智慧管理"四位一体"。

智慧工地主要提升对工地现场的综合服务能力，实现与工地数据无缝交互和协同，实现施工现场管理的数字化、智能化和在线化。

智慧物流主要是增强上下游客户体验，实现砼车物流、泵车物流全过程的自动化、智能化和网络化，对车辆派送、路线、跟踪、监控等全过程进行专业的、数字化的管理。

智能制造实现装备智能化、生产自动化、管理数字化，保障生产单元的高效协同，实现快速响应客户需求，为客户及监管方提供更好的质量追踪平台。

智慧管理自主研发了包含ERP功能的管理系统——TOPS，在生产管理部分，强化过程感知能力，着重解决设备与设备、设备与人的信息互通互联，全面提升材料、设备、质量技术、生产操作、产品交付与服务的控制能力和优化能力；在运营管理部分，采集生产运营全过程实时数据，进行指标统计分析与阈值预警，为管理决策提供支撑。

以TOPS为核心平台，打造面向云制造模式的区域运营监控中心，统一协调区域内预拌厂的市场、设备、原材料和资金，统一制订生产计划并统筹调度，改变了以前只是依据工地运距远近下派生产任务的不足，为客户提供最优的保供服务，有效地改善了客户体验，优化了资源配置。

二、砼翼系列产品——集团数字化管控解决方案

砼翼系列产品旨在推进适应新时代的在线化、网络化、数字化的集团管控，以数据驱动企业的治理体系变革。中建西部建设将其作为业务标准流程化的重要载体，公司总部通过系统将管理延伸到分子公司的全部重要业务领域，及时发现管理问题，改进管理模式，实现集团数字化管控。此外，

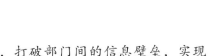

公司还改变传统简易、高延时的决策模式，打破部门间的信息壁垒，实现流程管理的数字化，形成全面感知、上下互联、内外兼修、基于全数据的科学决策。

全面感知就是要将企业自身的内部管理流程量化，利用合理的技术手段，对过程进行信息采集和控制。

上下互联就是要企业面向供应链更加开放，将自身与上下游的关系从弱链接向强链接转变。

内外兼修就是不仅将企业内部的过程数据化，也实时收集外部环境的信息情报，综合研判内外部发展形势，为企业战略和决策提供精准的依据。

全数据则是改变模糊描述、模糊分析的方法，用直接、清晰、客观、准确的方式阐述事件发生。通过数据赋能，打造全链条的闭环式管理。

三、砼联产品系列——商砼产业互联网解决方案

砼联产品系列运用互联网思维，打造一个具有精密保障体系、精确交付能力、精致客户体验，服务于整个行业的社会化公共平台。通过优化产业链结构，构建共赢生态圈，助力降低监管成本。通过联合政府、行业协会、原材料商、物流商、预拌厂、金融机构等产业客户，整合多方资源共建、共享、共赢，以更高的效率、更好的品质、更低的成本服务行业发展。

砼联提供的服务场景如下。

一是面向真实交易的电商服务。运用平台的区块链技术形成磋商、交易、结算、支付线上一体化，重构传统线下烦琐、低效的协同机制。

二是面向精准调度的物流服务，基于LBS（基于位置服务）等信息技术，整合并实时调度各类物流资源要素，提高物流要素的利用率和运行质量。

三是面向可信的资信评级体系。基于真实交易与搜集多元的金融数据、社会数据、商业数据及其他交易数据，制定科学的信用评级体系，对平台用

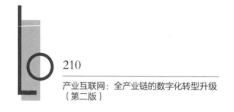
户进行画像、商业授信、分级管理。

四是面向低成本高效率的金融服务。基于真实交易与资信评级体系，打通上下游资金链，构建行业资金流平台，打通行业融资渠道、降低融资成本。

五是面向数字化的营销服务能力。基于平台的用户信息，在授权范围内实现供需精准配对，有效加大市场拓展力度。

六是面向共享的信息服务能力，全面提供行业信息、行业指数、项目信息、新技术发布等不同类型的专业信息和及时准确的行业消息，提高行业信息透明度。

七是面向专业的技术研发服务能力。通过整合不同机构、业内专家，将行业的技术能力快速复制，有效提升行业技术水平。

◆ 6.5 专业服务业"平台＋创客"解决方案

随着产业互联网的发展，不仅农业、工业等一产、二产进行数字化、平台化模式改造，专业服务业，如研发服务、设计服务、咨询服务、人力资源服务、IT外包服务、广告服务等，也从"封闭"走向"开放"，从"公司雇员制"走向"平台创客制"，从"线下竞争"走向"产业互联网的协同合作"。

6.5.1 专业服务业产业互联网转型特点

所谓专业服务，是指某个组织或个人，应用某些方面的专业知识和专门知识，按照客户的需要和要求，为客户在某一领域内提供特殊服务，其知识含量和科技含量都很高，是已经获得和将要继续获得巨大发展的行业。

专业服务业具有以下特征。

第一，服务主要是由具有一定专业技术能力和实践经验的人员来提供，对服务提供人员的专业性要求高。

第二，专业服务提供者以脑力工作为主，对工作方式的自由度要求比较高，很难用产业工人的方式去管理。

第三，专业服务要基于客户个性化需求提供针对性方案，在服务提供方和服务接受方之间会形成委托代理关系，服务过程往往采用项目制或者任务制的管理方式。

第四，专业服务的产出是"标准化 + 个性化"的组合，需要通过不断提升标准化以实现知识经验可复制，提升专业服务者的工作效率，从而投入更多时间和精力进行个性化和创意化的思考。

第五，专业服务业由于对"人才"的依赖比较高，同时客户需求的个性化造成难以规模化，因此专业服务业行业分散度很高，供给侧由大量"小而美"的专业服务公司和个体自由职业者构成。

综上，专业服务业（尤其在大量客单价低、需求复杂度相对小的专业服务领域）存在大量可通过产业互联网进行整合优化的机会，越来越多的专业服务业产业互联网启动"平台 + 创客"模式的转型探索，其产业互联网转型主要特点如下。

1. 从"在册员工"到"在线员工"

平台汇聚大量供给侧专业服务团队（中小微企业或者个体从业者），以"事业合伙人"或者"创客"身份和平台形成合作关系。他们虽然不是具有劳动关系的"在册员工"，但是会成为平台公司"但为我所用，不为我所有"的"在线员工"。在这种"平台 + 创客"的模式下，专业服务者能获得比较大的工作自由度，而平台公司能减少固定人员成本开支，突破规模化发展的瓶颈。在这种新型的合作模式下，平台形成公开透明、规则清晰、普遍共识的利益共享机制非常重要，既要考虑按照投入贡献的分配，也要兼顾通过利益共享机制促进

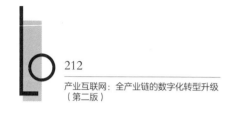

跨团队的协同。

2. 基于标准化、规则化的供需匹配机制

通过平台获取需求侧客户需求线索，以需求类型和专业服务团队标签匹配的方式或者通过在线发布和悬赏方式，快速找到精准匹配的服务者，通过消除信息不对称来提高服务对接的效率和降低成本。这种模式对平台的品牌影响力和获客能力提出比较高的要求，平台有足够多的需求订单，才能保证专业服务团队更强的黏性和更多的时间投入。同时对需求线索的分配和服务团队的匹配进行标准化也至关重要，要对客户需求进行结构化的分解，对专业服务团队能力进行更清晰的分类分级和标签化，从而实现通过系统的自动匹配和推送，减少人工干预和操作；对于一些稍复杂的客户需求，为了提升供需匹配度，还要进一步通过平台进行任务的分解后分发。

3. 项目全生命周期的流程和质量管控

对于客户来说，更关注服务过程的可控和服务成果的质量，因此必须建立项目全生命周期的标准化管理流程和质量管控体系。平台模式下，对于专业服务团队是一种相对弱管理的模式（即不需要进行日常考勤和工作汇报等），但是对于项目一定是一种强管理的模式。一旦和客户形成服务契约关系，就需要通过对项目全过程的流程和产出监控，保证项目按时、按质完成交付。

4. 打造平台的专业赋能体系

专业服务业对从业人员的专业能力要求比较高，尤其是随着客户端的需求升级和要求变高，对专业服务人员的专业能力发展也提出了挑战。所以产业互联网平台公司对专业服务团队 / 创客的吸引力一方面是能够获得更多的客户订单，另一方面是通过平台获得更多的专业赋能。专业赋能包括共享的知识库 / 数据库赋能、案例经验的分享赋能、专业能力的培养提升赋能等。

此外，专业服务的产出是"标准化＋个性化"的组成，随着平台大量业务规则、专业经验和案例数据的积累，部分工作不断数字化、智能化，甚至由人工智能系统来自动完成，以替代人工操作，对客户来说可以有效降低服务的成本，对专业服务人员／创客来说可以将更多的时间和精力用到需要创意的工作上，提升工作效率。

6.5.2　专业服务业产业互联网平台架构及功能

通过以上对专业服务业"平台＋创客"模式的产业互联网转型特点的分析，我们构建对应的平台（见图 6-8）。

图 6-8　专业服务业平台架构

专业服务业产业互联网平台包括前台、中台和后台三层架构，各层功能如下。

1. 前台：以获客为核心的推广和交互

专业服务业平台需要获取足够多的客户需求，才能对创客形成连接的吸引力，因此前台主要是以获客为目的，开展客户运营与交互、服务产品推广、已有的成功案例的宣传展示、各类品牌推广／赛事评选等推广活动，从而吸引客户提交需求。对客户需求的获取要进行标准化，以引导客户清晰地表达需求，

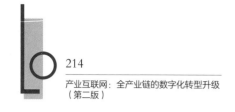
进行后端的交付资源匹配。同时前台也为创客的申请、服务、收益结算等提供入口。

2. 中台：以项目为主线的全流程管理

客户需求将转变为线索，在中台系统进行跟踪和管理，从专业服务团队的智能化匹配，到合同的转化，并进入项目的全生命周期管理。中台系统的主要特征是"项目管理＋流程管理＋知识管理"，即业务运作项目化、项目管理流程化、流程执行知识化，进一步加强在线化管理，实现全过程可追溯及知识数据的沉淀。

3. 后台：以赋能为目的的资源支撑

专业服务业平台要实现对创客以及客户的专业化赋能，要凭借 IT 系统平台，也要不断积累，形成可复用的知识文档库（如设计文档、分析报告等）、可对业务开展提供查询分析的专业数据库（如猎头公司的人才数据库等）、质量标准／评价标准／分类标准等标准库，以及支撑业务运行的规则库（如平台的收益分配规则、业绩积分规则等）。同时需要进一步提供知识分享活动、智能化工具、相关供应链资源支撑等。后台通过全面赋能，提升平台的凝聚力。

案例：洛客——产品创新设计的众创平台打造

洛可可是全球最大的创新设计集团，在 2016 年，洛可可成立洛客科技有限公司，专注依托互联网基础设施，打造社会化产品创新平台，从自养设计师到通过互联网平台进行连接与众创，实现从传统的线性发展模式到基于互联网平台的指数级发展。截至 2022 年，洛客平台已聚合了 4 万多优质设计师与海量用户共同众创，运用"数据＋智能"算法，让更多的中小微企业享受设计的价值。在价格上，原来洛可可的客单价上百万元，而洛客则覆盖百元至几十万元，实现"普惠设计"。

洛客采用CBD平台化战略模式（见图6-9），C是终端用户，B是客户，D是设计师，通过平台连接，把这三者结合在一起，打造高效的创新设计产业互联网平台。客户通过平台发布需求，平台精准匹配合适的设计师，在设计过程中终端用户可以共同创作好产品，并传播/购买好产品，从而让终端用户、设计师与客户共同参与产品开发及创新，实现众创。

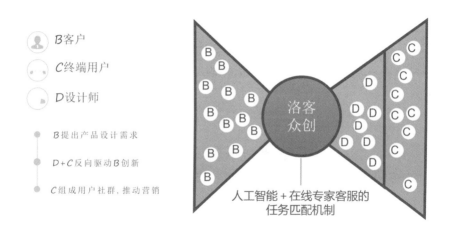

图6-9 洛客的CBD平台战略

在洛客平台上，有以下四个关键成功经验。

第一，供需精准匹配。为了保障洛客作为开放式众创平台的交付质量，洛客独创7级设计师邦德能力评估体系，用于评估来自全球的专业设计师。基于设计师的项目经验、技能、评级、信用、奖项等多维度评定设计师等级，将设计能力量化，同时对客户的设计需求结构化，从而通过系统的智能算法匹配最优设计师。

第二，项目全流程品质控制。洛客平台不只是雇佣一个个"邦德"（设计师），还有具有多年设计和项目管理经验的"邦女郎"，负责调动生态体系中的各

类设计与服务资源，以及项目全流程的服务和品质控制。

第三，从设计到产品落地，不仅关注设计单一环节，还从全链条考虑产品的落地性。在设计过程中通过用户参与实现开放式创新，避免产品设计的闭门造车；对设计方案提供可行性分析，评估产品落地性，降低生产风险，从而通过帮助客户价值实现以获得共赢。

第四，平台赋能。一方面是设计师的专业能力赋能，通过洛客学院的专业培训、标准化设计方法论、平台上大量的设计案例积累，帮助设计师学习和成长；另一方面是客户的资源赋能，连接打通设计后端的工厂和销售渠道资源，可以推荐在全国连接的近 5 000 家工厂以及线上线下众多渠道和平台助力产品销售。

本章小结

本章从基于大数据的产业链动态图谱的产业全景梳理，进一步介绍大宗商品、农产品、制造业、专业服务业几种典型的产业场景中从业务架构到 IT 落地的难点、特点、解决方案和功能架构。由此可以看出，不同产业场景的数字化转型具有各自鲜明的特点。

对于大宗商品，产业互联网平台，往往从交易切入，以仓储物流服务和供应链金融服务为核心，通过云仓和智慧物流管理，以货权控制等模式实现供应链金融风控，解决贸易中的资金周转问题。这一类平台由于模式相对标准化，目前发展较为成熟。

对于农产品产业链，产业互联网正在推进从源头到终端全面的重构优化，既包括对整个产业链环节的价值链优化，也包括通过生产端的智慧种植／养殖，以技术赋能全面提升农产品的品质，满足消费升级的需求。农业作为最

传统的产业，以产业互联网推动农业产业现代化，实现乡村振兴，将成为产业互联网发展最值得期待的领域。

对于制造业的数字化转型提升，从产业互联网到数字化工厂，实现从产业全链路、全要素、全场景的改造优化，以及工业互联网和产业互联网的融合发展，将是未来几年产业数字化转型的主要战场。

对于专业服务业，"平台＋创客"模式有助于企业突破发展规模瓶颈，为服务业的标准化、智能化提升打开了新的思路。然而由于专业服务产品的标准化难度较大，交易频率不高，目前相关的成熟产业互联网平台还不太多，有待进一步探索。

我们可以看到，不管是哪一个产业领域，产业数字化的渗透率都在不断提升，数据作为生产要素的价值正在不断凸显，产业互联网蓬勃发展。期待所有读者朋友一起推进产业互联网的实践创新。

◆附录　产业互联网知识体系

　　产业互联网知识体系由产业互联网研产投联盟牵头组织研究，从"5W+1H"的维度就产业互联网的 What、Why、Who、Where、When、How 六个维度回答七类参与主体——行业骨干企业、行业中小企业、地方政府、产业园区、行业协会、金融/投资机构、专业研究服务机构遇到的种种困惑与疑问，旨在为产业互联网各方参与主体提供一套实践指南。本体系统地梳理出参与搭建产业互联网过程中需要思考的核心问题，通过知识体系不断深入研究与迭代，给予产业互联网各方参与主体前沿的理论框架指导，并通过深入实践的"真研究"，解决产业互联网发展过程中遇到的"真问题"，进而构成对现有商业发展知识理论的"真互补"。

1　产业互联网的概念

1.1　产业互联网的定义和特征

1.2　产业互联网与相关概念的联系与区别

1.2.1　产业互联网与供应链创新

1.2.2　产业互联网与消费互联网

1.2.3　产业互联网与工业互联网

1.2.4　产业互联网与电子商务

1.2.5　产业互联网与企业互联网

1.2.6　产业互联网与行业互联网

1.3　产业互联网的发展背景与挑战机遇

1.3.1　产业互联网的发展背景和演进过程

1.3.2　当前产业互联网发展的挑战与机遇

◆ 特别鸣谢

这本书的内容是在 AMT（上海企源科技股份有限公司）、浙江清华长三角研究院产业互联网研究中心、西利企源（上海）信息科技有限公司、西交利物浦大学和谐管理研究中心、中国中小企业协会产业互联网专委会等多个产业互联网案例研究和咨询服务实践基础上总结提炼后形成的。

AMT 致力于成为中国产业互联网转型的引领者，基于 20 年领先的"管理+IT"前沿研究和咨询服务实践，以及大量产业互联网平台的服务经验积累，为区域政府、产业园区和行业骨干企业提供"顶层设计——IT 平台建设——综合运营"的产业互联网转型全面赋能服务。

浙江清华长三角研究院是在习近平同志亲自谋划、直接推动、大力支持下创建起来的具有先进水平的新型创新载体，由浙江省人民政府和清华大学共同组建。旗下产业互联网研究中心汇聚产业互联网领域研产投（研究、实践和投资）联盟专家，致力于以"理论研究＋实践示范"双核驱动，全面服务于国家供给侧结构性改革，推动实体产业转型升级，支撑区域协同创新。

西利企源（上海）信息科技有限公司是由西交利物浦大学与 AMT 结合双方产业和教育资源优势联合打造的产教融合公司，依托西交利物浦大学与 AMT 共建的"产金融合学院"，通过与区域政府、园区、协会、产业平台企业等共建"产业大学"，服务千万产业人的终身学习与可持续发展，打造教育和产业间紧密衔接的产业数字化人才供应链。

西交利物浦大学和谐管理研究中心秉承"有实践的理论、有理论的实践"的理念，通过高质量的研究与互动，赋能不同类型的企业创造价值，并促进不同行业持续转型升级，营造创新生态，促进创新发展。

中国中小企业协会产业互联网专委会是由浙江清华长三角研究院产业互联网

研究中心和 AMT 等机构整合优势资源和经验成果共同发起成立的，聚集了清华大学、复旦大学、上海技术交易所、AMT 企源、新农创、达晨财智、拉卡拉、云果产业大脑和尚粮科技等 100 多位研究者和实践家，聚焦产业互联网的前沿理论与创新实践，共建产业互联网生态圈。

从 2014 年开始研究产业互联网，一路遇到各领域专家，通过在各类交流活动中分享互动，通过在实践中不断地研讨碰撞，从而使我们不断完善并最终形成本书的知识体系，形成在产业互联网领域的理论自信和道路自信。感谢在产业互联网的道路上同行的以下各位领导、专家和同事，为本书的内容提供了大量的智慧输入和知识贡献。

（排名不分先后）

汪应洛：中国工程院院士

席酉民：西交利物浦大学执行校长、"和谐管理"理论提出者

亚当·布兰登伯格（Adam M.Brandenburger）："竞合"理论提出者、AMT 特聘专家

李子彬：中国中小企业协会会长

马　彬：中国中小企业协会专职副会长

宁金彪：中国中小企业协会专职副会长、长三角（嘉兴）专精特新企业服务基地主任

朱　岩：清华大学互联网产业研究院院长

任铁民：中国乡村振兴 50 人论坛成员、国家乡村振兴局规划财务司原巡视员

蒋任重：清华大学互联网产业研究院秘书长

谢吉华：上海技术交易所董事长、国家技术转移东部中心总裁

颜明峰：上海技术交易所总裁

张晓波：北京大学光华管理学院讲席教授、北京大学企业大数据研究中心主任

赵建良：香港中文大学（深圳）校长讲座教授

黄海量：上海财经大学信息管理与工程学院常务副院长

钟鸿钧：产业互联网研究者联盟理事长、上海财经大学战略与经济学教授

马士华：产业互联网研究者联盟发起人、华中科技大学管理学院教授

冯耕中：产业互联网研究者联盟专家、西安交通大学管理学院院长

陈威如：产业互联网研究者联盟专家、中欧国际工商学院战略学副教授

李　平：产业互联网研究者联盟专家、宁波诺丁汉大学李达三首席教授

吴绪亮：产业互联网研究者联盟专家、腾讯研究院资深专家 & 首席经济学顾问

杜　峰：产业互联网实践家联盟理事长、尚粮科技董事长 &CEO

蒋敏辉：欧冶云商战略规划首席

张端阳：欧冶云商办公室副主任

王兆辉：上药控股有限公司战略创新高级经理

张　富：产业互联网实践家联盟专家、华采科技创始人、CEO

孙　彤：产业互联网实践家联盟专家、布瑞克农业互联网创始人、董事长 /CEO

赵超研：布瑞克农业互联网品牌中心总监

施纪鸿：产业互联网实践家联盟专家、新秀集团创始人

高　敏：汉帛国际集团总裁

陈　龙：震坤行创始人

仲　燕：震坤行公共事务总监

付　涛：本来生活网上海营销区总经理

郭柯云：国机精工股份有限公司培训中心（爱锐学苑）主任

鲁旭鹏：浙江前洋经济开发区管委会前副主任

孙月秋：产业互联网专委会共同发起单位 – 云果产业大脑董事长

贾　伟：洛可可董事长、洛客创始人

周晓华：安证通董事长、产业互联网专委会理事

潘富杰： 卓钢链 CEO

白 睿： 化塑汇 CEO

李向前： 腾讯工业云总经理

孔祥云： 产业互联网实践家联盟发起人、AMT 企源董事长

傅仲宏： 产业互联网投资家联盟理事长、达晨财智主管合伙人

卢 荣： 产业互联网投资家联盟常务副理事长、越秀产业基金总裁

袁 季： 产业互联网研究者联盟发起人、广证恒生总经理、首席研究官

张晓军： 西交利物浦大学未来教育学院执行院长

刘 鹏： 西交利物浦大学和谐管理研究中心执行主任

陈峻松： 西交利物浦大学产金融合学院院长

文远东： 创客时代 – 中国产业互联网传播智库创始人

徐美竹： 中国宝武管理研修院副院长

李 禹： 上海优也信息科技有限公司 副总裁

孙康勇： 产业互联网研究者联盟发起人、日本一桥大学战略与创新管理副教授

韩玉兰： 产业互联网研究者联盟发起人、上海财大组织行为学与领导力教授

李培旭： 产业互联网研究者联盟秘书长，国泰君安研究院绿色发展研究中心主任

李 宁： 产业互联网实践家联盟专家、江苏汇鸿国际集团股份有限公司总裁助理

赵建民： 产业互联网实践家联盟专家、汽配猫执行合伙人

彭晓松： 产业互联网实践家联盟专家、北京生态设计与绿色制造促进会高级专家

吴联银： 产业互联网实践家联盟专家、特步（中国）有限公司副总裁

张颜慧： 产业互联网实践家联盟专家、上海格革加网络科技有限公司总经理

潘 旻： 产业互联网投资家联盟副秘书长、原红杉资本董事总经理

孟令云： 产业互联网投资家联盟专家、广州国企创新联盟秘书长

苏立峰： 产业互联网投资家联盟专家、硅谷天堂高级合伙人

张小龙：产业互联网投资家联盟专家、兴富资本合伙人

盛　森：产业互联网投资家联盟专家、杭州湖畔宏盛基金合伙人

李　立：上海复本创新金融信息服务有限公司管理合伙人

李　炜：产业互联网投资家联盟专家、深圳市中瑞汇川投资发展中心董事长

陈　宇：产业互联网投资家联盟专家、中信环境产业基金董事总经理

王　欣：产业互联网投资家联盟专家、鸿为资本合伙人

钟　实：产业互联网投资家联盟专家、36 氪基金合伙人

李文波：产业互联网投资家联盟专家、雄牛资本高级合伙人

王　峥：产业互联网投资家联盟专家、上海或然投资管理有限公司总经理

赵　勇：产业互联网投资家联盟专家、零一创投管理合伙人

晏小平：产业互联网投资家联盟专家、晨晖资本创始管理合伙人

朱迎春：产业互联网投资家联盟专家、钟鼎资本合伙人

张　杰：产业互联网投资家联盟专家、深圳玖昔科技发展股份有限公司董事长

拜晓东：浙江清华长三角研究院产业互联网研究中心执行主任

肖　欣：浙江清华长三角研究院产业互联网研究中心副主任

储洪胜：浙江清华长三角研究院产业互联网研究中心大健康产业专家

张志勇：AMT（上海企源科技股份有限公司）产业互联网事业部联席总经理

冯　震：AMT（上海企源科技股份有限公司）产业互联网事业部联席总经理

郑建友：AMT（上海企源科技股份有限公司）高级副总裁

王德力：AMT（上海企源科技股份有限公司）产业研究中心主任

黄　培：AMT（上海企源科技股份有限公司）高级合伙人

郝荣亮：AMT（上海企源科技股份有限公司）冶金化工行业线总经理

祁德君：AMT（上海企源科技股份有限公司）合伙人

陈京雷：AMT（上海企源科技股份有限公司）合伙人

谢赞恩：AMT（上海企源科技股份有限公司）高级合伙人

赵　骥：AMT（上海企源科技股份有限公司）合伙人

陈鹏飞：AMT（上海企源科技股份有限公司）合伙人

常　毅：AMT（上海企源科技股份有限公司）合伙人

高云岭：AMT（上海企源科技股份有限公司）合伙人

张志军：AMT（上海企源科技股份有限公司）产业互联网事业部业务总监

宋天罡：AMT（上海企源科技股份有限公司）高级咨询经理

高冬冬：AMT（上海企源科技股份有限公司）研究院知识管理经理

徐志科：西利企源（上海）信息科技有限公司特聘专家

唐　慧：西利企源（上海）信息科技有限公司董事合伙人

徐增艳：西利企源（上海）信息科技有限公司品牌总监